내 손으로 만들며 배우는
목각 교실

내 손으로 만들며 배우는
목각 교실

하시모토 미오 지음 ㅣ 임지인 옮김

시그마북스
Sigma Books

내 손으로 만들며 배우는 목각 교실

발행일 2023년 1월 20일 초판 1쇄 발행

지은이 하시모토 미오

옮긴이 임지인

발행인 강학경

발행처 시그마북스
Sigma Books

마케팅 정제용

에디터 최연정, 최윤정

디자인 강경희, 김문배

등록번호 제10-965호

주소 서울특별시 영등포구 양평로 22길 21 선유도코오롱디지털타워 A402호

전자우편 sigmabooks@spress.co.kr

홈페이지 http://www.sigmabooks.co.kr

전화 (02) 2062-5288~9

팩시밀리 (02) 323-4197

ISBN 979-11-6862-099-5 (13590)

HASHIMOTO MIO NO KIBORI KYOSHITSU

©Mio Hashimoto 2021

First published in Japan in 2021 by KADOKAWA CORPORATION, Tokyo.

Korean translation rights arranged with KADOKAWA CORPORATION, Tokyo through AMO AGENCY.

Book Staff

Designer/DTP	Yusuke Shibata(soda design)	Photographer	Keiichiro Natsume
	Akiko Takeo(soda design)	Writer	Shizue Hanano
Proofreading	Ouraidou	Editor	Moemi Tsuchiya

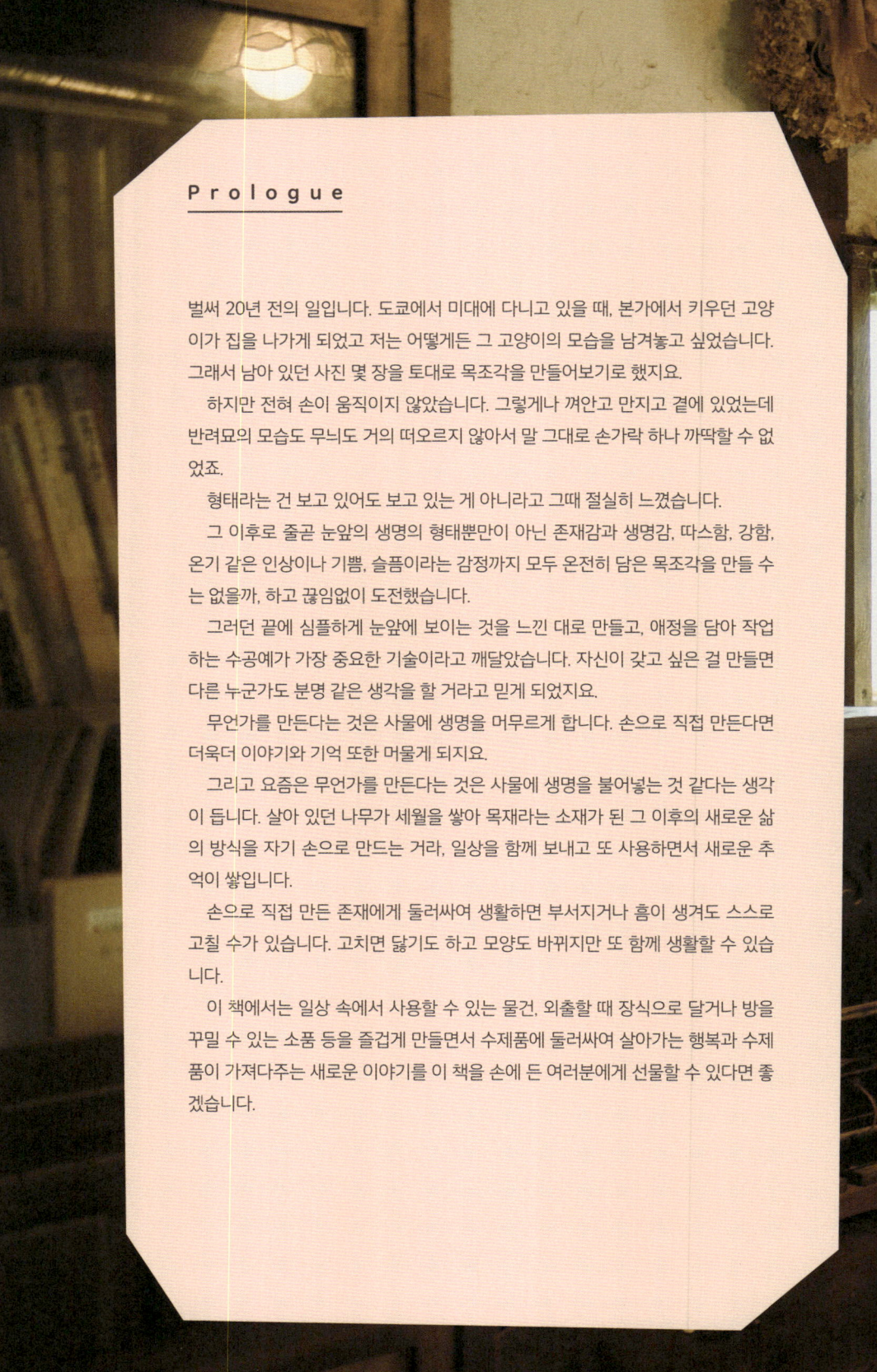

Prologue

벌써 20년 전의 일입니다. 도쿄에서 미대에 다니고 있을 때, 본가에서 키우던 고양이가 집을 나가게 되었고 저는 어떻게든 그 고양이의 모습을 남겨놓고 싶었습니다. 그래서 남아 있던 사진 몇 장을 토대로 목조각을 만들어보기로 했지요.

하지만 전혀 손이 움직이지 않았습니다. 그렇게나 껴안고 만지고 곁에 있었는데 반려묘의 모습도 무늬도 거의 떠오르지 않아서 말 그대로 손가락 하나 까딱할 수 없었죠.

형태라는 건 보고 있어도 보고 있는 게 아니라고 그때 절실히 느꼈습니다.

그 이후로 줄곧 눈앞의 생명의 형태뿐만이 아닌 존재감과 생명감, 따스함, 강함, 온기 같은 인상이나 기쁨, 슬픔이라는 감정까지 모두 온전히 담은 목조각을 만들 수는 없을까, 하고 끊임없이 도전했습니다.

그러던 끝에 심플하게 눈앞에 보이는 것을 느낀 대로 만들고, 애정을 담아 작업하는 수공예가 가장 중요한 기술이라고 깨달았습니다. 자신이 갖고 싶은 걸 만들면 다른 누군가도 분명 같은 생각을 할 거라고 믿게 되었지요.

무언가를 만든다는 것은 사물에 생명을 머무르게 합니다. 손으로 직접 만든다면 더욱더 이야기와 기억 또한 머물게 되지요.

그리고 요즘은 무언가를 만든다는 것은 사물에 생명을 불어넣는 것 같다는 생각이 듭니다. 살아 있던 나무가 세월을 쌓아 목재라는 소재가 된 그 이후의 새로운 삶의 방식을 자기 손으로 만드는 거라, 일상을 함께 보내고 또 사용하면서 새로운 추억이 쌓입니다.

손으로 직접 만든 존재에게 둘러싸여 생활하면 부서지거나 흠이 생겨도 스스로 고칠 수가 있습니다. 고치면 닳기도 하고 모양도 바뀌지만 또 함께 생활할 수 있습니다.

이 책에서는 일상 속에서 사용할 수 있는 물건, 외출할 때 장식으로 달거나 방을 꾸밀 수 있는 소품 등을 즐겁게 만들면서 수제품에 둘러싸여 살아가는 행복과 수제품이 가져다주는 새로운 이야기를 이 책을 손에 든 여러분에게 선물할 수 있다면 좋겠습니다.

CONTENTS

고양이와 시바견 스푼

귀여운 고양이와 시바견 얼굴이 달린 스푼. 절로 미소가 번지는 사랑스러운 커틀러리를 식탁에 올려보세요.

만드는 법은
P24

만드는 법은
P30

만드는 법은
P36

고양이 그릇

지금 당장 '야옹' 하고 울음소리가 들려 올 것만 같은, 고양이가 입을 크게 벌린 그릇입니다. 과자를 담기만 해도 즐거운 간식시간이 시작된답니다.

만드는 법은
P40

제비 브로치

지금 당장 하늘로 날아갈 것만 같은 날렵한 모습이
매력적입니다. 모노톤의 옷에 코디하거나 모자나
스카프에 포인트로 달아보세요.

만드는 법은
P46

토끼 릴리프

클로버에 둘러싸여 풀밭에 서 있는 사랑스러운 토
끼 릴리프. 창가에 세워두면 지친 몸과 마음으로
퇴근한 날도 절로 웃음 짓게 된답니다.

만드는 법은
P54

바다생물 모빌

흔들흔들 흔들리는 모빌이 햇살에 빛나면 마치 바닷속에서 헤엄치고 있는 것만 같은 기분에 빠집니다. 자기만의 방식으로 다양하게 연결해보세요.

줄무늬 고양이 링 홀더

새침한 얼굴이 매력적인 고양이. 아끼는 반지를 걸
어두기 좋은 최적의 장소예요. 현관에 두면 외출할
때 분명 웃음 짓게 될 거예요.

만드는 법은
P68

검정 시바견 링 홀더

이토록 촉촉한 눈망울로 쳐다보면 어떡하라는
걸까요! 줄무늬 고양이 링 홀더와 나란히 줄 세
우면 귀여움이 두 배가 된답니다.

만드는 법은
P80

목조각의 기본

목조각을 하기에 앞서 기본적인 도구와 순서를 소개합니다.
절대 어렵지 않으니 편안한 마음으로 도전해보아요!

● 주로 사용하는 도구

아래 도구들을 갖추어두면 목조각을 시작할 수 있다.
관련 센터나 핸드메이드 공방 등에서 쉽게 구할 수 있으니 걱정하지 말자!

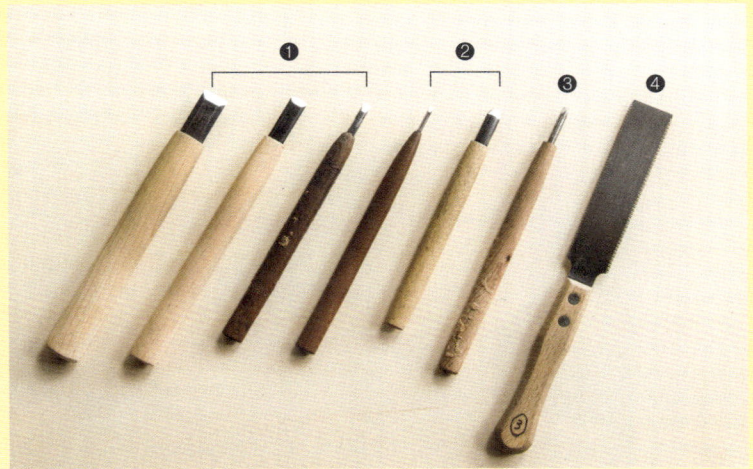

조각칼을 구별해서 사용하는 법에 대해서는 P21!

조각 도구

❶ 평도(평칼)
평평한 칼날의 조각칼. 넓은 면적을 파내기 쉽고 가장 활용도가 높다.

❷ 환도(둥근칼)
칼끝이 동그란 조각칼. 표면을 도려내듯이 팔 수 있다.

❸ 삼각도(세모칼)
삼각형 모양의 칼. 획일적으로 도려낼 때 사용한다.

❹ 톱
맨 처음 목재의 불필요한 부분을 잘라낼 때 사용한다.

채색 도구

❺ 수채화 재료
투명한 수채화 물감은 물론 불투명한 아크릴물감도 상관없다. 검은색·흰색·빨간색·파란색·노란색 기본 5색이 있으면 어떤 색이든 만들 수 있다.

❻ 납작붓, 세필붓
물감을 칠할 때 사용하는 붓. 넓은 부분에는 솔이 큰 납작붓, 세밀한 묘사에는 세필붓을 사용하자.

❼ 팔레트
물감을 섞을 때 사용하는 판. 섞을 수만 있다면 다른 도구를 사용해도 된다.

❽ 물통
물감을 연하게 만들거나 붓을 씻을 때 사용한다.

❾ 캐슈(캐슈계 도료)
캐슈너트 껍질로 만든 옻 느낌의 도료. 광택이 있고 동물의 눈이나 코와 입 등에 사용한다.

❿ 캐슈 희석액
캐슈를 묽게 만들 때 물을 섞으면 안 되고, 반드시 전용액을 사용해야 한다.

⓫ 키누카(キヌカ)*
쌀겨와 식물성 기름이 주성분인 자연 도료로, 커틀러리에 도포할 때 사용한다.

⓬ 수성 스테인(바니시)
나무의 질감을 살리는 도료. 어둡고 차가운 색감을 살릴 때 사용한다.

기타

⓭ 연필
처음 나무에 밑그림을 그릴 때 사용한다.

⓮ 목장갑
칼날에 다치지 않게끔 보호해주는 이중구조로 된 장갑. 조각칼을 쥔 손은 물론 반대쪽 손도 반드시 껴야 한다. 실수로 칼이 미끄러져도 다칠 염려가 없다.

---

* 쌀겨로 만든 천연오일로 발화 현상이 거의 없는 자연 도료 - 옮긴이

고양이 목각 인형으로 배우는
목조각의 진행 순서

Wood Carving Tutorial

목조각 동물을 만들기 전에 간단한 고양이 목각 인형을 만들어보아요.
모양은 심플하지만 목조각에 필요한 공정과 중요 포인트가 가득 모여 있답니다.

필요한 도구
목재(녹나무), 평도, 환도, 삼각도, 연필,
톱, 캐슈(검은색)

녹나무:
가로 8 × 세로 12 × 높이 8(cm)

필요한 부분

나뭇결 →

정면

실루엣을 그린다

목각 인형이 서는 방향을 **01** **나뭇결**의 세로 방향으로
맞춘다. 넓은 면 쪽에 고양이 정면 실루엣을 그린다. 귀는
목재 모퉁이 부분에 맞추어 정삼각형을 45도 정도 앞으
로 쏠린 느낌으로 그린다. 귀에 맞추어 타원형으로 얼굴
을 그려 넣고 몸통 선을 그린다.

불필요한 부분

**자를
사용해도 OK!**

POINT

나뭇결

횡단면

곧은결

널결*

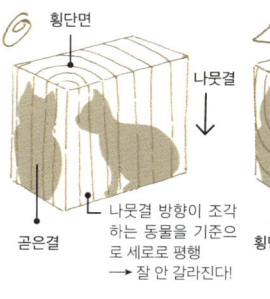

횡단면

나뭇결

곧은결

나뭇결 방향이 조각
하는 동물을 기준으
로 세로로 평행
→ 잘 안 갈라진다!

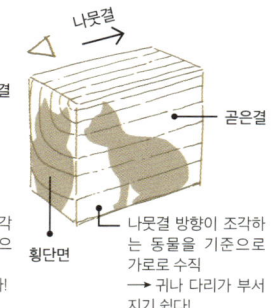

나뭇결 →

곧은결

횡단면

나뭇결 방향이 조각하
는 동물을 기준으로
가로로 수직
→ 귀나 다리가 부서
지기 쉽다!

---

* 널결 혹은 무늬결이라 부른다. 나이테가 포물선 모양으로 보이며 휘는 정도가 곧은결보다 상대적으로 심하다. - 옮긴이

목조각 포인트

01 나뭇결과 목조각

우선 나무에는 나뭇결이 있다는 사실을 꼭 기억
해두자. 나뭇결은 세로 방향이 깎기 쉽다. 목재
는 나뭇결을 기준으로 수직으로 향하는 힘에는
약하다. 따라서 꼬리나 날개 끝부분, 팔다리 같
은 얇거나 길쭉한 부분은 나뭇결을 따라 평행하
게 그려야 한다. 나뭇결은 나무가 자라날 때 지
면에서 하늘을 향해 뻗어난 방향이라 서 있는
동물의 경우, 중력이 가해지는 방향을 의식하면
서 나뭇결 방향을 맞추면 중심이 안정된다.

횡단면

나뭇결과 직각이 되도록 절단했
을 때 나타나며 나이테를 관찰
할 수 있는 단면. 이 부분은 단
단해서 조각하기 어렵다.

곧은결

나이테가 거의 직선형으로 나타
나며 세로줄 무늬. 칼이 잘 들어
가며 사박사박 잘 갈라진다.

02 톱 사용법

톱질할 때는 반드시 톱을 자기 몸의 정면에 오
게끔 쥐고, 톱이 기울지 않고 바로 서 있도록 나
무 위에 올린다. 처음 낸 톱길 각도가 수직이 아
니고 휘어져 있으면 그대로 비뚤어지기 때문에
주의하자! 톱은 몸 앞쪽으로 잡아당길 때 목재
가 잘리니 이때 힘을 주고, 밀 때는 힘을 빼면서
톱질하는 것이 요령이다. 톱을 쥔 손이 아닌 다
른 손의 누르는 힘이 중요하다.

이처럼 서서 작업하면
힘을 모으기 쉽다

사선 부분을 수직으로
칼을 넣어 깎는다

잘록한 목 부분 등 몇 군데에 목재를 돌려가면서
밑그림 선까지 수평하게 선을 그린다. 이때 앞쪽
과 뒤쪽 라인 끝이 같은 위치가 되도록 주의한다!
선을 따라 **02** 톱으로 칼집을 내고 폭이 넓은 평
도로 사선 부분을 **03** 깎는다. 결따라 조각하기
어려울 때는 **04** 반대 방향으로 깎아본다.

advice
칼을 쥔 손의 힘이 제대로 전달되도록 다른 한 손으로 목재를 잘 고정한다.
목재 크기가 작아서 잡기 어려울 때는 클램프* 등으로 고정하거나 책상 모
퉁이 등을 활용해서 미끄러지지 않도록 하자.

정면에서 봤을 때
불필요한 부분을 잘라낸 상태.
다음은 머리 쪽 형태를 다듬는다.

목재는
나뭇결 방향에 맞추어
깎으면 수월하다

---
* 목재를 고정시키는 도구로, 목재를 절단할 때 움직이지 않게 하거나 접착면을 눌러줄 때 필요하다. - 옮긴이

---

03 조각칼 쥐는 법

[기본]연필 쥐기
연필처럼 쥐고 앞을 향해 누르듯이
깎는다. 힘을 주기 어렵지만 세밀
한 조각을 할 수 있어 디테일한 부
분을 할 때 적합하다.

주먹 쥐기
새끼손가락이 칼 방향으로 오게끔
조각칼의 손잡이 부분을 손바닥

(!)
칼을 어떻게 쥐든지 다치
지 않도록 칼의 진행 방
향에 다른 한 손이 오지
않도록 주의하자!

04 순결과 엇결

잘게
거스러미가
일어난다!

나뭇결을 기준으로 세로 방향으로 칼을 넣어
도 쉽게 잘리는 경우와 칼이 걸리는 경우가 있
다. 순결이라면 깎기 쉽고 깎은 단면이 깨끗하
며, 엇결**이라면 칼이 잘 나아가지 않고 꺼칠
꺼칠한 단면이 된다. 엇결이라는 느낌이 들면
목재를 180도 회전한 후 순결인 면으로 돌려
조각하자.

** 결의 반대 방향. - 옮긴이

머리와 얼굴 모양을 만든다

정면에서 봤을 때 불필요한 부분을 잘라냈다면 몇 군데 수평하게 톱으로 칼집을 넣어 가이드를 잡아 둔 후, 이마와 뒤통수의 필요 없는 부분을 깎아내고 측면 윤곽도 잡아간다. **05** 귀 부분은 톱으로 자른다. 대강의 윤곽이 잡히면 05그림처럼 코와 입 부분이 돌출되게끔 반구 형태를 만들어 간다.

그럭저럭
고양이 머리처럼 보여!

귀 모양을 만든다

머리 위쪽 고깔 모양 사이를 잘라내면 귀가 된다. 여기는 **01**에서 설명한 횡단면(=단단한 부분)인 경우가 대부분이라 조각칼로 억지로 파내지 말고 톱을 사용해서 잘라내는 게 가장 좋다.

①~⑤순서를 따라
잘라내자

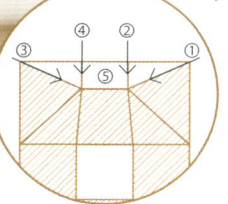

---

05 **기본적인 머리와 얼굴 만드는 법**

얼굴을 정면에서 보면 처음에는 코를 중심으로 사각뿔대 같은 모양이다. 이걸 육각뿔로 만든다는 느낌으로 깎아내면서 여러 평면을 만든다. 코와 입을 중심으로 다양한 방향에서 사선으로 깎아내고 서서히 매끄럽게 다듬는다. 머리 모양은 동물 종류에 따라 달라지겠지만 기본적인 만드는 법은 같다.

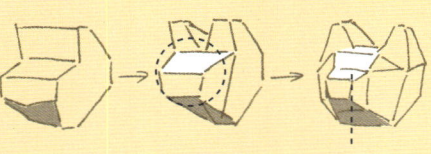

사각뿔대로!

여기에
단을 만든다

귀는 좌우, 앞뒤 등 여러 방향에서 뾰족한 끝부분을 향해 세세하게 깎는다. 귀 밑동 부근은 얼굴과 확실하게 구분이 되도록 깎아내고 코와 입부터 귀 사이, 뒤통수로 이어지는 라인은 신중하게 깎아보자.

스케치를 따라 모양을 다듬는다

대강 만든 몸 전체를 다듬는다. 계속해서 경사면을 의식하면서 모난 면을 도려내고 **05** 기본형 얼굴에 가까워지도록 다듬는다. 05를 참고하면서 모난 부분을 사선으로 깎아내면서 매끄럽게 다듬는 느낌으로 진행한다.

실루엣이
만들어지고 있어!

얼굴을 다듬어서 코, 입, 귀를 깎는다

얼굴 중에서 가장 돌출된 코와 입부터 모양을 잡고, 이에 맞추어 주위를 깎아내던 전체 인상을 일관성 있게 완성할 수 있다. 코와 입을 향해 방사상으로 경사를 냈다면 **06** 코를 만든다. 코를 완성하면 연결되는 코밑 선, **06** 입 순서로 조각한다. 얼굴과 병행해서 **05** 귀 모양도 다듬는다

고양이
고양이 귀는 앞으로 쏠려 있고 둥그스름하다는 것을 의식하면서 조각하자. 귀 앞쪽 면을 비스듬하게 조각칼로 깎아내면 경사지게 완성할 수 있다.

개
개는 견종에 따른 귀 모양이 특징이다. 시바견은 고양이처럼 둥그스름하지 않고 꼿꼿이 선 느낌으로 완성하자.

06 코와 입 만드는 법

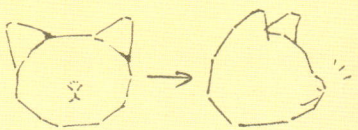

코는 우선 V자가 되도록 좌우에 작게 자국을 새긴다. 30도 정도의 각도에서 조각칼의 칼등으로 가볍게 파자. V자 라인에 따라 주변을 신중하게 깎아낸다.

고양이

고양이는 시옷 모양으로, 너무 튀지 않도록 입을 조각한다.

개

입꼬리를 올려서 웃고 있는 입으로 하면 개답게 보인다.

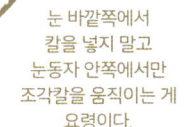

눈 바깥쪽에서
칼을 넣지 말고
눈동자 안쪽에서만
조각칼을 움직이는 게
요령이다.

고양이 표정을 결정짓는 눈

눈머리 부분에 수직으로 칼을 넣고 눈꺼풀을 만들면 **07** 눈 중심에서 눈꺼풀 쪽을 향해 홈을 깊이 파서 눈동자를 돋보이게 만든다. 다이아몬드 컷을 떠올리면서 눈이 반짝이는 듯한 눈동자를 조각한다.

털의 질감을 조각으로 표현한다

08 털의 질감을 표현할 때는 평도를 추천한다. 목재에 대고 평도를 약간 세우는 느낌으로 힘을 주어 나무 곡선에 맞추어 좌우로 지그재그로 조금씩 칼을 움직인다. 그러면 칼이 랜덤으로 흔들려서 지나간 자국이 마치 털처럼 폭신폭신한 느낌이 된다.

07 눈 만드는 법

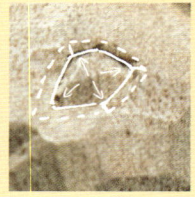

**눈머리와
눈꼬리를 만든다**

점선이 칼을 넣는 위치,
실선이 칼을 멈추는 위치다. 어렵다면 데생을
그려 밑그림으로 참고해
도 좋다.

윤곽을 넣는다

다음으로 눈동자 중심을
꼭짓점으로 잡고 눈동자
중심에서 눈꺼풀을 향해
사선으로 홈을 판다.

눈동자를 조각한다

마지막으로 눈머리와 눈
꼬리를 삼각형으로 깊이
파서 더욱더 눈에 '구슬'
모양을 표현한다.

무늬 조각으로
조각칼 사용이 익숙해진다

고양이 목각 인형 몸통 부분으로 조각 연습을 해보자. **09** 삼각도나
10 환도는 조각한 자국이나 깊이가 균등하기에 면을 다듬을 때나
무늬, 직선, 글자 등을 팔 때 특히나 편리하다.

삼각도

모델을 참고하면서 색을 입힌다

눈에 아크릴 수채화 물감으로 **11** 색을 입힌다. 수채화 아크릴 물감
은 동물 몸 전반에 사용하고 주로 검은색·흰색·빨간색 파란색·노란색
기본 5색이 있으면 어떤 색이든 만들 수 있다. 색을 섞어서 색감을 즐
기면서 칠해 보자.

나만의 고양이 목각 인형 완성!

직접 만든 작품은 아무리 못생겨도 애착이 생기는 법이다. 조각하면
서 모양이 바뀌어도 신경 쓰지 말고 어쨌든 완성을 향해 깎아나가 보
자. 그리고 좋아하는 동물의 생명감이 가장 잘 느껴질 때까지 오롯이
집중해서 조각하자.

---

08 특급 팁!
지그재그 깎기!

이것은 하시모토만의 동물 털을
표현하는 조각 기술이다. 이 책에
서도 개나 해달 등의 털을 표현할
때 사용했다.

09 삼각도를
사용할 때

균일하게 곧은 선을 깎고 싶을 때
나 규칙성 있는 무늬, 글자를 파고
싶을 때 등에 도움이 된다. 고양이
그릇의 눈이나 개복치 지느러미의
주름 등에 이 칼을 사용했다.

10 환도를
사용할 때

균등한 무늬를 조각하고 싶을 때
나 넓은 면적에 홈을 만들고 싶을
때 편리하다. 그릇 속을 팔 때는 굵
은 환도가 있으면 편리하다.

11 채색의 기본은
'드라이 브러시'

색을 칠할 때는 우선은 물로 희석
하지 말고 물감 그대로 칠해 보자.
물감을 묻힐 때는 소량이어도 된
다. 색을 칠하기 전에 붓은 반드
시 건조한 천 등으로 물기를 제거
하자.

● 목재

당연한 얘기지만 나무 종류에 따라 가공 성질, 색, 질감 등이 다릅니다.
만드는 작품의 크기나 분위기에 맞추어 목재를 선택해보세요. 수공업 코너나 관련 센터에서 구입할 수 있습니다.

초보자에게
추천!

녹나무

적당히 단단하고 가공성이 좋아 조각 재료로 흔히 사용하는
목재다. 향도 좋아서 깎을 때마다 녹나무 향이 공간을 가득 채
운다.

호두나무

강도가 어느 정도 세면서 비교적 부드러워 작업하기 좋다. 촉
감이 매끄러워서 손에 닿는 느낌이 좋다.

월넛

호두나무과지만 호두나무 목재보다 어두운색을 띤다. 딱 좋게
단단하다. 광택이 있고 시간이 흐를수록 멋도 깊어진다. 색감
을 살려 브로치 등으로 가공하기를 추천한다.

벚나무

세밀하게 조각하기에 적합하다. 다만 꽤 단단해서 초보자는
작업 시 힘을 많이 써야 한다. 벚나무 톱밥은 훈제에도 쓰이는
만큼 향이 무척이나 좋은 목재다..

● 조각하는 단계

모델로 정한 동물을 충분히 관찰하고 그 모습을 나무에서 발굴하는 느낌으로 진행합니다. 제작하는 중간에도 모델을 보면서 만드는 게 가장 좋습니다! 보기 힘든 부분도 잘 관찰해서 눈이나 손으로 만지듯이 조각하면 좋은 형태가 눈앞에 나타나요.

STEP 1
**밑그림
그리기**

자신이 조각하고자 하는 모델의 모습을 연필로 대강 밑그림을 그린다. 스케치(P76 참조)한 그림을 보면서 그리면 좋다. 나무에 잘 안 그려질 때는 유성펜을 사용하자.

STEP 2
마름질하기

네모난 목재를 밑그림에 맞추어 여유 있게 깎아내어 대강의 형태를 잡는다. 윤곽선은 대담하게 잘라내고 남길 부분은 남기면서 정리한다.

STEP 3
대강 깎기

톱이나 조각칼을 사용해서 전체 균형을 잡으면서 윤곽을 만들어 간다. 한 곳을 깎는 게 아니라 빙글빙글 돌리면서 전체를 보면서 진행하는 게 포인트다.

STEP 4
모서리 깎기

각진 면을 깎는다. 전 단계에서 대강 깎았던 부분을 둥글고 매끄럽게 정돈하는 느낌으로 완성한다. 어느 방향에서 보더라도 모델 실루엣에 가깝게 보이도록 조각한다.

STEP 5
마무리

눈, 코, 입 등 세세한 부위나 몸 질감 등을 꼼꼼히 조각해 완성한다. '이 이상 깎으면 동물이 아파할 것 같다!'고 느낄 수 있는 감각이 중요하다.

STEP 6
채색

모델을 잘 관찰하면서 몸의 무늬나 눈동자 색을 입힌다. 조각한 동물이 금새 생동감이 느껴지게끔.

다음 페이지부터 동물 잡화 만드는 법을 소개!

절로 미소가 번지는, 사랑스러운 커틀러리.

고양이와 강아지 스푼

Spoons shaped of a Cat and Dog

무척이나 좋아하는 고양이와 강아지를 조각한 수제 스푼만 있다면, 식탁은 행복한 기분으로
채워져요. 초보자는 세세한 묘사는 생략해도 됩니다. 아기 스푼으로 만들어도 제격이죠.

필요한 도구
목재(호두나무), 평도, 환도, 연필, 톱, 키누카, 캐슈(흰색*, 검은색,
노란색, 빨간색, 투명색)

호두나무:
가로 4 × 세로 13 × 높이 4(cm)

밑그림 그리기

나뭇결의
세로 방향을 기준으로
평행하게

P16 **01** 참조

나뭇결 방향

01 커틀러리 같은 살림 도구는 호두나무나 벚나무 등 단단한 나무
를 추천한다. 손잡이 방향이 나뭇결 방향에 맞도록 대강의 실루
엣을 연필로 스케치한다.

마름질하기

나뭇결에 따라
나무가 갈라진다는
성질을 이용하면서
깎아낸다는 느낌으로

P16 **02** 참조

02 불필요한 부분을 잘라내는 작업. 우선은 스케치 선까지 수직으
로 톱으로 칼집을 넣어 가이드를 잡아 둔 후, 스케치 선에 맞추
어 넓은 평도를 넣어 면을 잘라낸다.

대강 깎기

P18 **05** 참조

03 그루터기 면인 횡단면은 단단해서 깎아내기 어려우니 귀 부분
은 톱을 활용해 사선으로 칼집을 넣어둔다. 깎아내는 건 횡단면
의 면적이 작아졌을 때 시작하는 게 편하다.

04 정면 쪽 대강 깎기가 끝나면 측면에서 본 라인을 그린다. 좋아
하는 스푼을 참고하면서 손잡이 두께나 볼 부분의 크기 등을
그리면 수월하다.

---

* 흰색은 마르기 전에는 아이보리색이지만 마르면 흰색이 되며, 투명색은 황갈색으로 마감됩니다. - 옮긴이

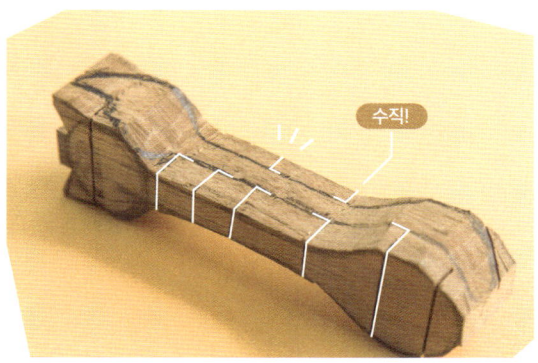

05 가이드는 반드시 수직으로 넣어두자. 앞쪽과 뒤쪽 윤곽선이 어긋나지 않게끔 익숙해지기 전까지는 반대쪽도 밑그림을 그려두면 안전하다. 힘이 약한 사람은 여러 곳에 가이드를 넣어두면 잘라내기 편하다.

06 코와 잎, 귀 부분은 각도를 신중하게. 필요 없는 부분을 깎아낸다. 나뭇결 기준으로 사선 각도는 단단하니 톱을 사용하는 것도 추천.

07 볼 부분의 대강 깎기. 커브 부분이나 각도가 바뀌는 부분을 중심으로 톱으로 칼집을 넣고, 윤곽선을 따라 깎아낸다.

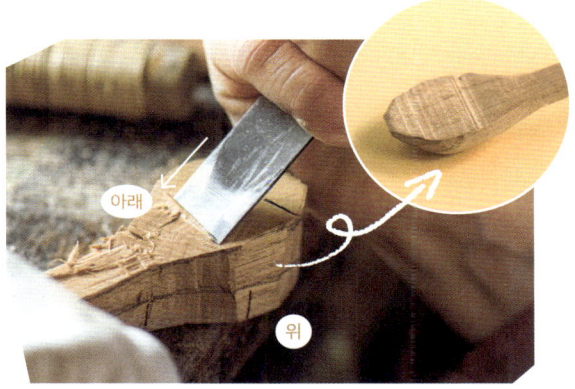

08 아래쪽은 과감하게 슥슥 자르면 작업 속도를 올릴 수 있다. 신중하게 작업하고 싶은 사람은 폭이 넓은 조각칼을 사용하는 것도 한 방법이다.

09 밑그림에 맞추어볼 부분의 밑동을 깎는다. 대강 깎기 단계지만 최종 결과물의 볼륨감에 영향을 끼치기에 동그스름한 모양을 의식하면서 조각한다.

10 정면, 측면이라는 이차원 각도 다음은 사선 방향에서 생각하며 깎는다. 귀 사이의 횡단면 부분을 깎아내고, 삼각뿔을 의식하면서 귀를 각지게 조각한다.

P18 05 참조

11 얼굴은 육각뿔을 떠올리면서 귀 밑동 부근부터 시작해서 이마, 코 순서로 입체적으로 경사를 만든다. 코 쪽으로 갈수록 높아지 게끔 옆얼굴 쪽에서도 깎아낸다.

손잡이 부분과 고양이 부분을 확실하게 나눈다

12 모서리 깎기 단계에서 스푼 부분(손잡이)과 고양이 부분의 경계선을 확실하게 구분해둔다. 고양이 코끝부터 목까지 경사를 만들고, 손잡이 부분부터는 한 단 낮게 깎는다.

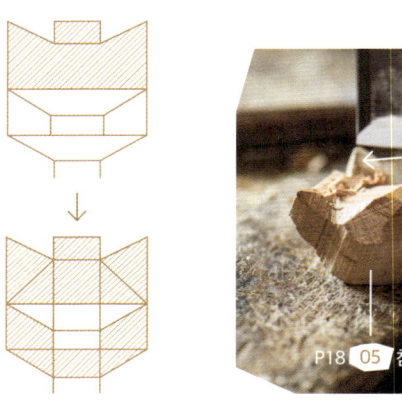

P18 05 참조

13 3D 윤곽선을 상상하면서 귀부터 이마 부분, 코와 입을 향해 좀 더 입체적으로 되도록 다양한 각도에서 조각한다.

P18 05 참조

14 귀 사이는 횡단면 부분이라 단단하니, 조각칼로는 깎기 힘들다. 여기서는 톱을 사용. 면적이 넓을 때는 잘라내기 어려우니 어느 정도 깎아낸 뒤 나중에 잘라내도 된다.

15 스푼의 경우 실제 동물 머리 모양에 집착하다 보면 너무 동그 랗게 완성되니 완만한 곡선을 이루게 머리를 만드는 게 좋다. 자연스러운 곡면으로 조각하자.

P18 05 참조

16 고양이 귀는 삼각뿔을 떠올리면서. 정면, 측면, 뒷면, 윗면 등 다양한 각도에서 깎아내서 조각한 부분이 매끄러워지게. 고양이 답게 귀는 샤프한 모양으로 완성한다.

17 귀 뒤쪽과 측면도 꼼꼼하게 다듬는다. 고양이 귀는 끝으로 갈수록 앞쪽으로 쏠리는 경우가 많으니 경사를 관찰하면서 조각하는 게 고양이다운 귀로 완성할 수 있는 비법이다.

18 뒤통수 부분은 뒤쪽에서 파내듯이 깎고, 뒤통수 부분과 손잡이 부분의 경계선을 만든다.

19 볼 부분의 밑동은 폭이 널찍한 평도를 사용해서 큼직하게 자르면서 모서리 깎기를 한다. 입에 넣었을 때 적당한 얇기가 될 때까지 충분히 깎아낸다.

20 볼 부분에 완만한 경사가 지도록 전체를 얇게 깎는다. 또한 손잡이와 이어지는 부분도 되도록 각도가 급하게 바뀌지 않게 신경 쓴다. 그래야 쓰기 편하다.

21

평소에 즐겨 쓰는 스푼과 비교하면서 각도나 경사 등을 체크&조정한다. 손잡이 부분은 너무 얇으면 부러지니 주의하자!

22 음식을 푸는 안쪽은 환도로 바꾸어서 작업한다. 커틀러리 만들기에 최적화된 곡환도라는 조각칼을 사용하면 초보자도 간단하고 자연스러운 곡선으로 팔 수 있다.

거친 부분이 없는지 꼼꼼하게 체크

23 엣지 부분 등, 세밀한 곳은 평도의 앞날을 대서 꼼꼼하게 깎아 낸다. 입에 넣는 부분이니 거스러미가 없는지 손가락 끝부분으로 만지면서 확인을 한다.

P18 05 참조

마무리

24 계속해서 얼굴 윤곽을 깎아내면서 생동감 있는 얼굴로 만든다. 특히 코와 입 부분은 확실하게 구분이 되게끔 돌출되게 깎는다.

25 코부터 이마까지 평도를 오른쪽에서 왼쪽으로 깎으면서 고양이답게 샤프한 얼굴 윤곽을 만든다. 귀 밑동 부근도 잘 관찰해서 만든다.

P19 06 참조

26 모델묘가 있다면 다시 한번 잘 비교하면서 전체를 훑어보고 부족한 부분이 없는지 확인하면서 코를 깎는다. 비스듬하게 칼을 넣어 V자로 판다.

P19 06 참조

코와 입 속은 평도 귀퉁이를 사용해서 가늘게 깎아낸다

27 V자 아래에 세로로 선을 파고 코와 반대 방향으로 시옷 모양으로 입을 판다. 시옷 모양 아래에서 수평으로 칼을 넣어 삼각형 입을 만들고 속을 깎는다.

P20 07 참조

28 눈은 귀 중심과 코를 잇는 선 위에 위치를 잡으면 균형이 좋다. 불안한 사람은 이 단계에서 다시 한번 밑그림을 그리자. 눈머리와 눈꼬리에 V자로 칼집을 넣는다.

눈동자는 안쪽부터
다이아몬드를
컷팅하듯이 다룬다!

29 눈 윤곽선이 정해졌다면 주변을 좀 더 파내 눈을 부각시킨다. 디테일한 부분을 조각할 때도 전체 균형을 반복해서 조정하면서 깎는다.

30 눈꼬리와 눈머리를 잇는 느낌으로 칼집을 넣어 눈꺼풀을 만든다. 마찬가지로 눈 아래쪽에도 칼집을 넣는다. 눈 윤곽에 맞추어 안쪽부터 파내고, 눈동자를 돋보이게 만든다.

채색

코부터 입까지
그대로 캐슈로 칠한다

P21 11 참조

31 고양이 귀는 약간 앞으로 쏠려 있다는 특징이 있다. 귀 안쪽 삼각형 부분도 칼을 넣어 속을 꼼꼼하게 파내서 확실하게 앞으로 기운 느낌을 강조하자.

32 채색은 전체 인상을 결정짓는 눈부터 시작하는 게 '하시모토 스타일'이다. 검은색 캐슈로 칠해서 반짝거리는 눈으로 완성하자.

검은 선이 남게끔
노란색을 칠하면
고양이다운 아이라인으로
완성할 수 있다!

하룻밤 말려서
다음 날 덧칠을 하자

귀나 코에
분홍색을 칠하면
포인트가 돼서 귀엽다!

P33으로

33 검은색 캐슈 위에 노란색 캐슈로 눈 중심을 덧칠한다. 이때 검은색 캐슈가 마르기 전에 노란색 캐슈를 덧칠하자. 자연스럽게 섞이는 느낌을 연출할 수 있기 때문에 더욱더 자연스러워진다.

34 모델묘를 관찰하면서 무늬를 그려 넣는다. 진한 색 → 연한 색 순서로 색을 입히자.

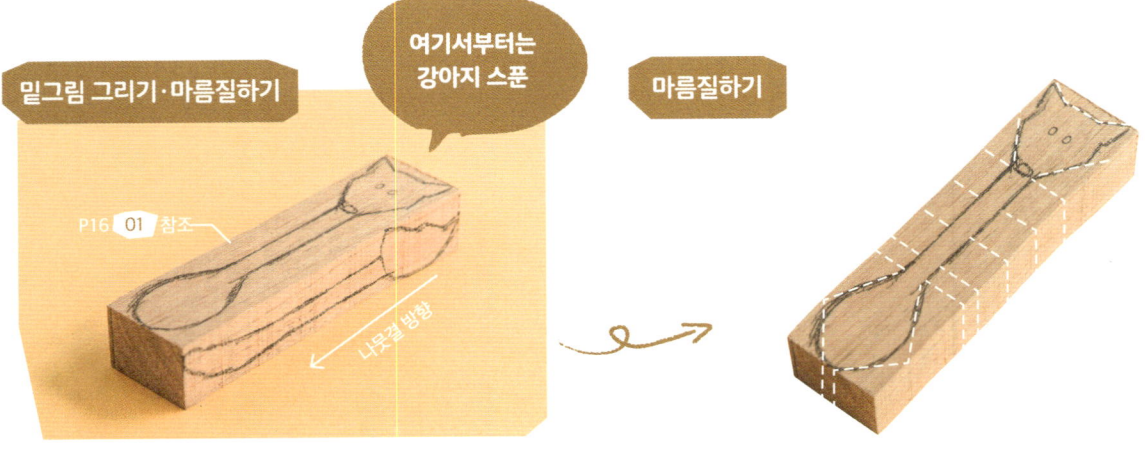

밑그림 그리기·마름질하기

여기서부터는 강아지 스푼

마름질하기

P16 **01** 참조

나뭇결 방향

01 나뭇결 세로 방향이 손잡이와 평행해지도록 목재에 직접 밑그림을 그린다. 윗면, 측면 순서로 한 면씩 그려 넣는다.

02 P20의 02와 마찬가지로 칼집을 넣어 가이드를 잡아 둔 후, 불필요한 부분을 잘라낸다. 가이드는 도면을 기준으로 수직으로 넣는다.

대강 깎기

P18 **05** 참조

03 모델의 실루엣을 꼼꼼히 관찰한다. 시바견 특징인 코 부분이 튀어나오게끔 주위를 큼직하게 깎는다. 눈 라인에서 귀 밑동 부근까지, 즉 이마 경사는 완만하게 깎는다.

P18 **05** 참조

04 귀가 쫑긋 서 있게끔, 얼굴과 귀 경계선을 확실하게 높낮이 차가 생기도록 깎는다. 눈언저리부터 귀 밑동 방향을 향해 비스듬하게 깎는다.

05 귀 끝부분에서 귀 밑동 쪽을 향해 깎아낸다. 시바견 귀는 고양이 귀처럼 앞쪽으로 쏠리는 게 아니라 수직으로 쫑긋 서 있다. 이런 특징들을 살리면서 신중하게 깎는다.

뒤통수를 잘 표현할수록 동물의 생동감을 살릴 수 있다!

06 시바견은 고양이보다 뒤통수가 평평하니 뒤통수도 대담하게 깎는다. 뒤에서 본 능선 부분도 표현하면 훨씬 생생해진다.

P18 05 참조

07 귀의 능름함이 전해지도록 귀는 특히 신중하게 깎는다. 귀와 얼굴의 이어지는 부분이 완만하게 되지 않도록 힘을 주어서 깎아낸다.

08 깎을 때는 나도 모르게 한 부분에 의식이 집중되고 만다. 다양한 각도에서 실루엣을 체크하면서 특징을 잘 표현하고 있는지 확인하자.

귀 안쪽도 파내자!

09 고양이 스푼 STEP을 참고하면서 손잡이 부분과 볼 부분도 깎아낸다. 강아지 얼굴 부분과 손잡이 부분이 확실하게 구분되게 깎는 것이 중요하다.

마무리

P19 06 참조

10 어디서부터 시작해도 상관은 없지만, 후각이 칼달한 강아지의 특징을 살려 코가 튀어나온 부분부터 완성하면 더 좋다.

P19 06 참조

11 돌출된 코 끝부분에 버섯이 붙어 있는 느낌으로 완성한다. 코가 튀지 않는 고양이와 달리 구멍을 뚫어 코 부분에 임팩트를 주는 것이 요령이다.

웃는 표정으로 만들어 애교 있는 모습으로!

P19 06 참조

12 시옷 모양의 입인 고양이와 달리, 강아지는 입꼬리를 올리자. 우선 수평하게 가로로 칼집을 넣고, 좌우 입꼬리가 올라가도록 사선으로 칼집을 넣는다.

13 정면이나 옆면뿐만 아니라 밑에서 올려다보는 모습도 확인하자. 선에 따라 비스듬하게 깎아내면 라인이 두꺼워져 코에서 입까지의 표정이 선명하게 된다.

P20 07 참조

14 귀 밑동과 코를 잇는 선 위에 두 눈을 판다. 역 V자 모양으로 칼집을 내고, 아랫부분에 수평하게 칼을 넣어 파낸다.

15 눈에 빛이 들어가게끔 윤곽선보다 안쪽을 파내서 눈동자를 돋보이게 만든다. 조금 처진 눈으로 만들면 시바견다운 사랑스러움을 강조할 수 있다.

16 눈을 정돈한다. 고양이 스푼 때와 마찬가지로 눈 윤곽의 바깥 부분에서 안쪽으로 칼을 넣는 게 아니라, 안쪽에서 눈 윤곽선을 향해 파낸다.

17 볼은 볼록하게, 코끝에서 입까지의 턱 라인은 샤프하게 하는 등 전체와 세부를 빙빙 돌려가며 전체적인 모양을 맞추어 깎는다. 원하는 이미지의 강아지 윤곽에 가까워지도록 완성한다.

채색

P21 11 참조

18 검은색이 아니라 처음에는 캐슈의 투명색으로 눈 속 전체를 칠해 부드러운 인상이 되게끔 한다. 모델견에 맞추어 연한 투명색 등 다른 색으로 칠해도 된다.

19 갈색 시바견인 경우는 그대로 투명색으로 얼굴 전체를 칠한다. 눈도 밑칠한다. 이때도 두껍게 칠해지지 않도록 드라이 브러시로 나뭇결을 살리는 느낌으로 얇게 채색한다.

입 라인은 삐져나오지 않도록 수직으로!

20 검은색 캐슈로 눈, 코, 입을 채색한다. 강아지는 고양이와 달리 눈동자를 크게 칠하고 밑칠한 투명색이 살짝 남는 정도로 완성한다.

21 강아지 표정을 특징짓는 동그란 눈썹과 얼굴 아랫부분을 흰색 캐슈로 채색한다. 특히 동그란 눈썹은 털의 폭신하고 부드러운 느낌을 잘 살려보자.

대기 중!

22 커틀러리는 실용품이니 색 유지를 위해 두 번 칠하기를 권한다. 하룻밤 건조한 후, 다음 날 덧칠해두면 색이 잘 유지된다.

23 덧칠한 후, 키누카를 가볍게 먹인 천으로 손잡이와 볼 부분에 발라 코팅한다. 입에 넣는 부분이니 천연성분 오일을 사용하자.

24

완성! 소중한 티타임을 위해 직접 만들어 사용하거나 아기 돌잔치 생일선물로도 좋아요!

다양한 종류의 고양이 스푼.
나란히 줄지어 놓으면 사랑스러움도
배가 된답니다. 자신의 소중한 가족이나
좋아하는 반려동물을 스푼으로 만들어보세요.

다양한 고양이 · 강아지를 만들어보자!

Let's make various shapes of cats and dogs!

스푼은 다양하게 응용할 수 있는 모양이에요.
고양이는 무늬를 바꾸기만 해도 간단하게 '우리 집 반려동물'을 만들 수 있지요!
강아지는 모양이 조금씩 다르지만, 잘 관찰해서 만들어봅시다.
오른쪽 페이지를 복사해서 도면으로 활용해보세요.

고양이 Shape of a Cat

고양이는 단모종이라면 모두 P24~29와 같은 방법으로 만들어도 된다! 무늬를 잘 관찰해서 채색하기만 하면 우리 집 반려동물을 모티프로 한 스푼을 완성할 수 있다. 장모종이라면 왼쪽 도면을 참고해서 만들어보자. 털끝 표현을 꼼꼼하게 조각한다.

강아지 Shape of a Dogs

강아지는 견종에 따라 얼굴 모양도 전혀 다르다. 그러나 코와 입 부분, 귀의 모양, 눈의 위치 등이 비슷하다. 요소요소를 잘 파악하면 모델인 반려동물과 더욱더 비슷하게 완성할 수 있다. 도면을 참고하면서 얼굴의 굴곡을 의식하면서 깎아보자.

닥스훈트

역시 처진 ㅋ다란 귀!

래브라도 리트리버

큼직한 코와 입, 그리고 반짝이는 눈을 강조해서 조각하자!

퍼그

주름진 코 주위는 프렌치 불도그와 닮았을 수도?

프렌치 불도그

쫑긋 선 귀와 주름진 코 주위를 체크!

웰시코기

시바견과 살짝 닮았다! 쫑긋하게 서 있는 큰 귀를 체크하자.

뾰족하게 선 귀가 귀여운 고양이 모양의 목제 플레이트.

고양이 그릇
Plate of a Cat

고양이를 모티프로 한 귀여움 가득한 그릇. 적당한 깊이가 있는 플레이트라면 디저트나 요리, 인테리어로도 효과 만점이에요. 조각칼로 만드는 첫 작품으로 도전하기 딱 좋아요.

필요한 도구
목재(호두나무), 평도, 환도, 삼각도, 연필, 톱, 납작붓, 세필붓, 캐슈(흰색, 검은색, 노란색, 투명색), 키누카, 헝겊

호두나무:
가로 13 × 세로 10 × 높이 1.6(cm)

밑그림 그리기·마름질하기

P16 01 참조

나뭇결 방향

01 플레이트 모양의 밑그림을 그린다. 여분의 나무를 톱으로 잘라내기 위한 마름질용 보조선을 그려둔다.

P16 02 참조

02 톱이나 조각칼을 사용해서 보조선을 따라 불필요한 부분을 잘라낸다.

대강 깎기

채소 껍질을 깎는 느낌으로

03 마름질하기가 끝나면 대략적인 형태를 잡는다. 스푼과 마찬가지로 우선은 뒷면부터 정리해나간다.

04 귀와 귀 사이, 그루터기 면에 해당하는 횡단면은 단단하므로 환도로 조금씩 깎아낸다. 평도는 단단한 부분을 무리해서 파면 칼날 이가 나갈 수도 있다.

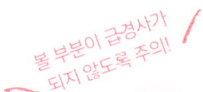
볼 부분이 급경사가
되지 않도록 주의!

05 나무 앞쪽에 고양이 일러스트를 그린다. 크게 입을 벌린 타원형
이 그릇 볼 부분이 된다. 송곳니를 그려 넣으면 훨씬 고양이다
워지기에 추천한다.

밑그림
안쪽을 팔 것!

06 입속을 평도 등으로 가장자리에서부터 중앙을 향해 파내 볼 부
분을 만든다. 주의할 점은 중앙을 향해 커브가 온 만하게 되도록
파야 한다. 송곳니 밑그림은 지금은 무시하고 깎아 가도 된다.

P21 10 참조

07 입 윤곽선은 가장자리부터 중앙을 향해 환도로 떠내듯이 완만
한 언덕을 만들어서 모양을 만든다. 나뭇결의 거스러미가 남지
않도록 평도로 깎아 잘 다듬는다.

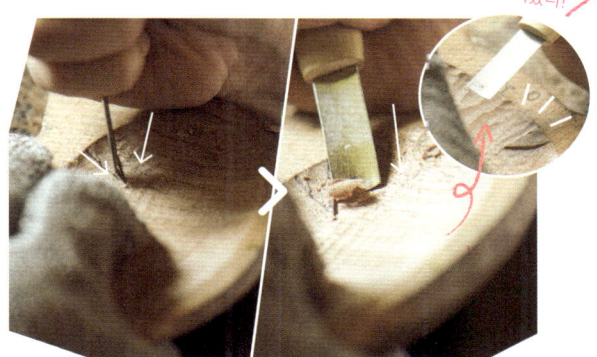

드러났다!

08 다시 그린 송곳니 밑그림에 맞추어 평도로 칼집을 낸다. 송곳니
를 도드라지게 만드는 동시에 볼 부분도 더 파낸다.

09

전체 실루엣이 완성되었다. 그릇 만
들기에서는 곡선이 완만한 아사도*
라는 환도가 요긴하다. 그릇을 많이
만들고 싶은 사람은 갖추어두면 편리
하다.

＊　거의 평도에 가깝고, 칼자국을 내고 싶을 때 주로 사용한다. - 옮긴이

칼이 나무 속으로
파고들면 엇결이라는 증거.
순결로 방향을 바꾸어
깎아내자

모서리 깎기

10

고양이다움을 나타내기 위해서 귀의 실루엣을 좀 더 깎아내어 윤곽을 또렷하게 만든다. 나뭇결이 칼에 걸릴 때는 180도 회전시켜 반대쪽에서 칼을 넣자.

11 앞면이 어느 정도 정돈되면 폭이 넓은 평도를 사용해서 뒷면을 깔끔하게 깎아낸다. 각진 곳이 남지 않도록 둥글게 정돈하면 부딪혔을 때도 충격이 덜한 효과가 있다.

12 뒷면을 넓게 깎을 때는 대패를 사용해도 된다. 폭이 넓은 평도는 대패 대용으로도 쓸 수 있는 유용한 아이템. 이 단계에서 울퉁불퉁하지 않고 매끄럽게 마무리해두면 완성도가 높아진다.

마무리

P21 09 참조

13 삼각도의 모서리를 사용해서 눈의 윤곽을 둥글게 판다. 삼각도는 일정한 깊이로 파고 싶을 때나, 특정 부위를 부각할 때는 요긴하지만 획일화되므로 너무 자주 사용하지 않게 주의한다.

14 눈과 같은 요령으로 삼각도를 사용해서 코 라인을 삼각형으로 판다. 코부터 입의 엣지를 향해 세로로 라인을 넣으면 귀여운 고양이 얼굴이 완성!

P21 **11** 참조

15 두꺼운 붓을 사용해서 흰색 캐슈로 입을 제외한 모든 곳에 칠한다. 드라이 브러시로 과감하게 칠한다. 캐슈는 인공도료이니 음식을 담는 부분에는 사용하지 않는 게 좋다.

16 눈과 코, 코 아래 라인 부분은 검은색 캐슈로 채색한다. 삐져나오지 않게 얇은 세필붓 등으로 칠하자.

17 좋아하는 고양이의 무늬를 보면서 자유롭게 채색하고 하루 정도 건조한다.

18 다음 날, 채색한 부분을 덧칠한 후, 고양이 입 속(그릇의 볼 부분)을 키누카로 도포해 강도를 높인다.

살랑살랑 하늘에서 춤추는 모습이 오늘의 코디 포인트.

제비 브로치

Brooch of a Swallow

봄을 알리는 제비. 기다란 날개, 샤프한 꼬리로 유유히 나는 모습의 브로치는 오늘의 코디를 발랄하게 마무리해줍니다. 목조각이 손에 익으면 꼭 도전해주었으면 하는 모티프예요.

> **필요한 도구**
> 목재(벚나무), 평도, 환도, 삼각도, 연필, 톱, 납작붓, 세필붓,
> 아크릴 수채화 물감(검은색, 투명색), 브로치용 도구, 송곳, 드라이버

벚나무
가로 6 × 세로 6 × 높이 1.5(cm)

밑그림 그리기·마름질하기

> 칼을 넣는 곳마다 보조선을 그려두자

P16 01 참조

나뭇결 방향

01 유유히 드넓은 하늘을 나는 제비의 생기 있는 모습이 전해지는 실루엣을 목재에 그린다. 두 날개, 꼬리 끝부분은 쉽게 부러질 수 있으니 나뭇결의 세로 방향과 평행이 되도록 그린다.

대강 깎기

P16 02 참조

> 좁은 부분은 칼날이 작은 조각도를 수직으로 넣어서 잘게 깎는다

02 보조선을 따라 필요 없는 부분을 잘라낸다. 커브나 굴곡이 있는 부분은 톱으로 칼집을 넣고 칼날이 작은 조각도로 깎아낸다.

모서리 깎기

03 나중에 부리를 만들기 위해서 얼굴 앞쪽을 위아래 두 방향에서 사선으로 깎아낸다.

04 윗날개와 배 부분을 나누기 위해 조각도를 넣어서 경계선을 만든다.

얼굴과 날개가
드러났다!

05 경계선을 만들어서 나눈 각 부위를 구석구석 둥글게 깎는다. 특히 배는 볼록하게 완성하기 위해 경계선을 깊이 판다.

06 제비답게 표현하기 위해 꼬리 부분은 날카로운 인상으로 완성하자. 몸쪽에서 꼬리 쪽을 향해 칼을 넣어 깎아내는 느낌으로 반복해서 깎아나가자.

아랫날개

강약을 의식하면서
깎아내자

07 아랫날개와 배를 나눈다. 경계선을 기준으로 위아래에서 칼을 넣어 두텁고 깊은 홈을 파낸다. 윗날개보다 더 뒤쪽에 있는 아랫날개는 원근감을 살리기 위해 더 낮게 깎는다.

이 정도 두께로
차이를 두자!

08 윗날개처럼 앞쪽 부분은 두껍게, 아랫날개처럼 뒤쪽에 있는 부분은 얇게 깎는다. 평면적으로 되지 않도록 두꺼운 부분과 얇은 부분의 강약을 명확하게 해서 입체감을 표현한다.

09 평도를 수직으로 들고 부리와 얼굴 경계선에 직각으로 넣는다. 입체감을 살리기 위해 부리를 얇게 깎아낸다. 반드시 옆면도 확인하면서 진행하자.

10 안쪽에 숨어 있는 부분을 계속해서 깎아나가 얇은 층을 여러 단으로 만든다. 가장 안쪽에 있는 부분은 목재 원래 두께에서 절반 정도가 되게끔 얇게 깎는다.

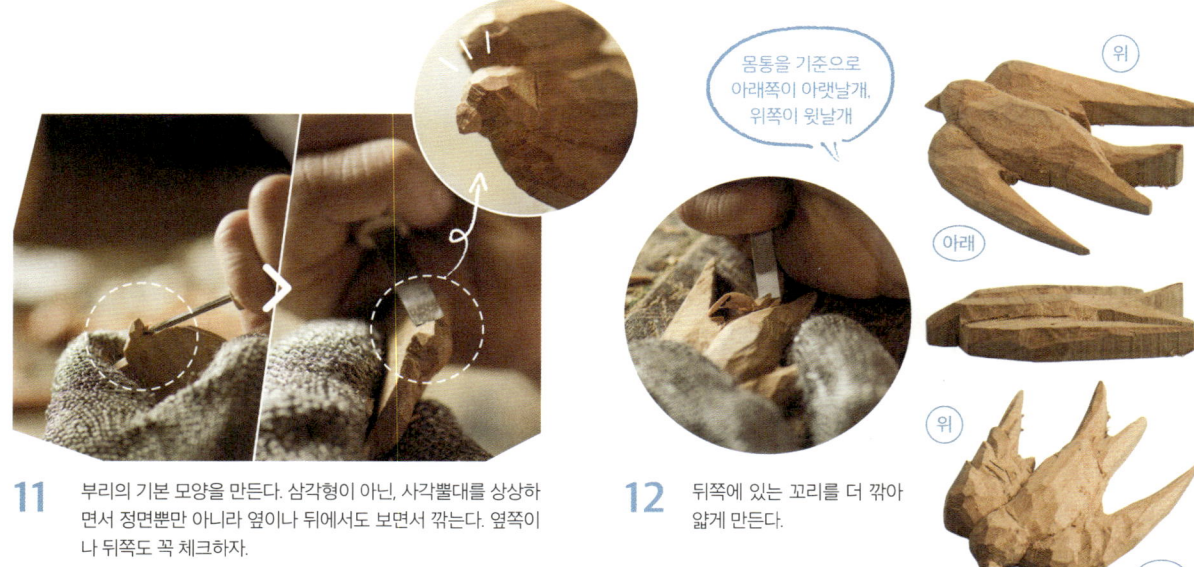

몸통을 기준으로
아래쪽이 아랫날개,
위쪽이 윗날개

위

아래

위

아래

11 부리의 기본 모양을 만든다. 삼각형이 아닌, 사각뿔대를 상상하면서 정면뿐만 아니라 옆이나 뒤에서도 보면서 깎는다. 옆쪽이나 뒤쪽도 꼭 체크하자.

12 뒤쪽에 있는 꼬리를 더 깎아 얇게 만든다.

윗날개

어깨

13 날개는 어깨 부분이 부풀어 있고 날개 끝부분으로 갈수록 날카로워진다. 윗날개의 깃털 흐름에 맞추어 어깨 부분을 남겨두고 끝부분까지 깎아낸다.

14 깃털이 폭신하게 덮여 있는 어깨 부분은 가로 방향으로 칼을 넣고, 아래로 깊이 들어가 있는 끝부분은 라인 방향을 바꾼다. 부위별로 깃털 흐름이 다르니 동물도감 등을 참고해보자.

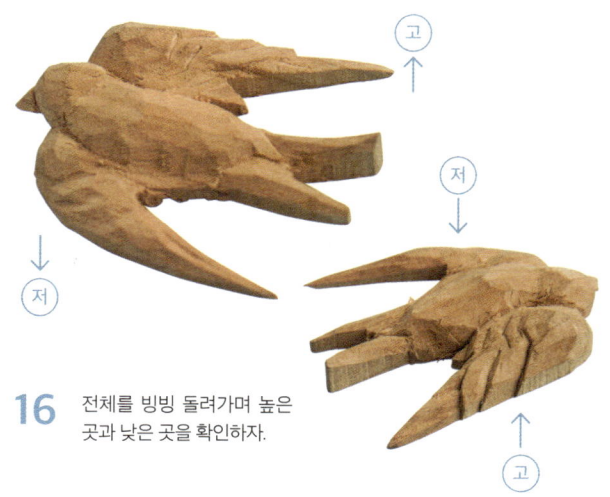

고

저

저

고

15 날개 깃털 방향을 각각 다르게 깎으면 날고 있는 제비의 모습이 나타난다.

16 전체를 빙빙 돌려가며 높은 곳과 낮은 곳을 확인하자.

브로치 뒤쪽, 측면도 모서리를 깎아낸다

17 윗날개와 마찬가지로 아랫날개도 깃털 흐름, 입체감을 의식하면서 깎아낸다. 좁은 부분은 끝부분을 향해 힘을 빼고 조금씩 깎는다.

18 꼬리 부분도 날카롭게 깎는다. 뒤쪽에서도 꼬리 끝부분을 향해 나뭇결에 맞추어 평도를 움직인다. 깃털 방향이 맞추면서 조각도를 움직이면 된다.

마무리

얼굴을 유심히 관찰!

P20 07 참조

19 얼굴 부분을 측면에서 보고 부리가 나지막한 사각뿔대가 되도록 끝부분을 향해 비스듬하게 깎는다. 부리 밑동 부근을 깎아내서 돌출시킨다.

20 눈을 판다. 삼각도를 쥐고 직각으로 칼을 넣어- 눈 윤곽을 잡는다. 눈 속 부분을 정성껏 파낸다는 느낌으로 음푹 들어간 눈꺼풀을 만든다.

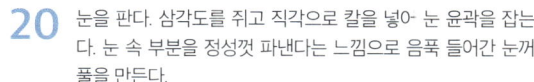

P21 10 참조

21 세부는 칼날이 작은 평도나 끝이 뾰족한 칼로 바꾸어 모서리 부분을 활용해서 깎는다. 눈꺼풀 안쪽을 파고, 안구를 돌출시키면서 눈빛이 느껴지듯이 만든다.

22 환도로 얼굴 아래와 배, 가슴 부분 등에 칼자국을 넣는다. 환도는 털의 부드러움을 표현할 때 편리하지만 너구 많이 사용하면 같은 표정이 되어버리니 적당히 사용하자.

23 세세한 털이나 다양한 표정을 섬세하게 표현하고 싶을 때는 폭이 좁은 평도 끝이나 삼각도를 사용해서 디테일을 살리자.

24 날개 무늬는 자신이 좋아하는 분위기로 완성하면 된다. 가득 깎아서 무늬를 넣어보고 너무 많다고 느껴지면 다시 파서 지워도 된다.

정면에서도
표정과 생동감을 체크

25 날고 있을 때 접고 있는 다리를 배 일부에서 깎아낸다. 처음부터 다리 위치를 너무 의식하지 말고 몸의 흐름 속에서 모양을 만들어 가면 된다.

사진이나 직접 그린
스케치를 잘 보면서
칠하자!

채색

26

눈을 투명색 캐슈로 밑칠을 하고 검은색 캐슈로 눈동자를 칠한다.

P21 11 참조

물은 사용하지 말고
드라이 브러시로!

'언블리치드 티타늄'
이라는 크림색을 사용하면
훨씬 동물 느낌이 난다

27 그 외 다른 곳은 빨간색, 파란색, 노란색, 검은색, 흰색 아크릴 수채화 물감 5색을 사용해서 색을 만든다. 제비 날개는 푸른빛이 감도는 검은색을 입히자.

28 입 주위에 빨간색을 칠한다. 날개를 칠한 붓을 씻지 않고 그대로 칠하면 은은하게 색이 섞여 자연스럽다. 마지막에 배와 날개 뒤쪽 등 흰 부분을 채색한다. 물감은 너무 많이 묻히지 않도록 주의하자.

29

덧칠을 너무 많이 하지 않는 게 요령이다. 눈 주위에 선을 둘러 포인트를 주어도 좋다.

가공

순간접착제로
붙여두면
작업하기 수월하다

너무 얇은 부분에
나사가 오면
부서지니 주의!

30 앞에서 봤을 때 핀이 튀어나오지 않도록 주의하면서 브로치용 핀 위치를 정한다. 오른손잡이인 사람은 열리는 부분이 왼쪽에 오게끔 한다.

31 드라이버 등을 사용해서 핀 고정용 구멍에 나사를 조인다. 송곳이나 그리프로 미리 작은 구멍을 뚫어두면 드라이버가 수월하게 들어간다.

들판을 폴짝! 선물용으로도 좋은 사랑스러운 릴리프.

토끼 릴리프
Relief of a Rabbit

나무에서 튀어나올 듯한 토끼 릴리프.
자신이 좋아하는 계절의 들풀이나 풍경,
단어를 새겨 넣어도 멋있어요.

녹나무
가로 11 × 세로 11 × 높이 5(cm)

필요한 도구
목재(녹나무), 평도, 환도, 삼각도, 연필, 납작붓, 세필붓, 아크릴 수채화 물감
(검은색, 흰색, 빨간색, 노란색), 캐슈(검은색, 투명색)

밑그림 그리기

세로 나뭇결과
평행하도록!

01 배경에 그리는 식물은 들판을 산책하면서 꺾어 관찰하면서 스케치를 해보는 것도 좋다.

마름질하기

02 가장 앞으로 튀어나오는 주인공부터 조각하는 게 기본 스타일이다. 토끼 윤곽선을 따라 평도 칼날을 수직으로 넣고 형태를 잡는다.

03 토끼 윤곽보다 바깥쪽을 폭이 넓은 환도로 파고, 한 단 낮게 깎아낸다. 톱과 대패로 속도를 올려도 된다. 배경의 밑그림에 너무 얽매이지 말고 큼직하게 깎아내자.

04 목조각의 밑그림은 깎다 보면 금방 사라져버린다. 몇 번이고 다시 그려도 좋으니 그리지 않은 채로 진행해도 된다.

05 토끼가 1cm 정도 튀어나오는 정도까지 윤곽 바깥쪽을 깎아낸다. 나무가 움직이지 않도록 칼을 쥐지 않은 다른 손으로 꽉 잡고 작업하자.

06 얼굴을 가장 앞으로 튀어나오게 완성하기 위해 귀 부분은 조금 얇게 깎는다. 조각하고 싶은 토끼 사진 등을 잘 보면서 조각하자. 가운데에서 귀 끝부분 쪽으로 갈수록 낮아지도록 비스듬하게 깎는다.

07 코 부분이 튀어나오도록 코끝에서 귀 밑동으로 각도를 기울인다.

08 이어서 코끝에서 턱, 목과 얼굴 접점을 향해 각도를 기울여 사선으로 깎는다. 목과 얼굴이 이어지는 부분은 확실하게 구분이 되도록 깎아낸다.

09 신체 중에서는 앞발이 가장 튀어나오도록 주변을 깎아낸다. 배경 쪽과 자연스럽게 이어지도록 배경 쪽으로 향해 앞발의 옆쪽, 얼굴 옆쪽 등 모서리를 깎는다.

10 앞발이 가장 돌출되는 걸 잊지 말고, 빠른 단계에서 앞발 옆쪽, 앞발과 앞발 사이 등도 깎는다. 깎아낼 때 깊이의 층을 달리해 입체감을 낸다.

11 앞발과 마찬가지로 뒷발도 가장 앞에 튀어나오기에 앞발과 뒷발 사이 부분을 깎아낸다. 옆에서 봐도 앞발이 튀어나와 있는지 체크한다.

12 뒷발 윤곽을 만든다. 토끼는 뒷발 발차기가 무척 강하다는 것을 상징하듯이 사진 등을 잘 보면서 크고 힘차게 뒷발을 만든다.

13 왼쪽 오른쪽 뒷발 사이를 깊이 파고, 뒷발 윤곽을 정한다. 밑그림 라인에 맞추어 폭이 넓은 평도로 뒷발 안쪽 선에 맞추어 깊이 깎아낸다.

14

돌출시킬 부분, 깊이 파는 부분을 의식하기만 했는데도 토끼다운 입체감이 나왔다. 실패하는 걸 두려워하지 말고 계속해서 칼을 넣자.

P19 06 참조

역삼각형으로 깎고, 속을 파낸다

15 가장 돌출된 부분은 현재 높이에서 깎아낼 일은 없으니 기준으로 삼기 위해 모양과 크기를 먼저 정한다. 토끼는 코부터.

초식 동물 토끼는 코 밑이 긴 것도 특징

16 동물은 턱 라인이 중요하다. 목 부분을 향해 경사를 만들고, 목 언저리를 꼼꼼하게 깎아 턱을 만든다. 코 밑에서 수직으로 칼집을 넣어 선 끝에 입을 판다.

17 코끝을 좀 더 강조하기 위해 주위를 깎는다. 토끼는 역시 봉긋한 이마도 귀여운 포인트. 단을 넣어 봉긋하게 표현한다.

18 볼록해진 이마 쪽에서 귀 밑동을 향해 자연스러운 각도로 깎아내 눈 시작점을 만든다. 얼굴 윤곽과 귀 밑동의 경계선도 좀 더 깎아둔다.

19 앞발을 다시 깎는다. 상상한 대로 파지 말고, 어느 부분에서 어떤 방향으로 휘는 관절이 있는지 등 제대로 관찰해보자.

20 귀 주위도 깎아내 윤곽을 잡는다. 귀 옆, 귀 사이 등을 평도로 깎아내고 귀 움직임이 느껴지는 듯한 곡선을 생각하면서 칼을 넣는다.

뒷발은 늠름하게
우뚝 내밀어도 된다!

21 토끼는 폴짝 뛰기 때문에 뒷발이 발달했다. 귀여움뿐만 아니라 묵직한 생명의 강함을 표현해보자.

P21 **10** 참조

22 클로버를 깎기 전에 배경 부분을 좀 더 깊이 파고 정돈한다. 칼날이 넓은 평도를 사용해 나뭇결 방향인 수직으로 칼질을 한다.

클로버의
실물을 관찰하면서
그리자

23 다시 클로버와 무당벌레 등 들판의 배경을 밑그림 그린다. 도면을 사용한다면 배경은 첫 단계에서 그리지 말고 이 단계에서 그려 넣어도 된다.

24 클로버 윤곽에 맞추어 주위를 깎아내 입체감을 표현한다. 앞쪽에 위치한 잎일수록 높게, 뒤쪽에 숨어 있는 잎일수록 낮게, 앞뒤 관계를 생각해서 깎아낸다.

P21 **09** 참조

25 줄기 부분은 삼각도로 선을 그리듯이 깎는다. 잎은 평도, 꽃이나 줄기는 삼각도 등 칼을 구분해서 사용하기에 연습용으로 식물 릴리프를 만들어보는 것도 추천한다.

26 꽃은 삼각도를 사용해서 한 줄기씩 깎아낸다. 릴리프 안에 식물을 그리면 제작할 때의 계절감이 드러나서 더 애착이 생긴다.

21

위쪽 반 부분은 일부러 칼자국을 남겨두어서 하늘에 두둥실 떠 있는 구름을 표현하자. 채색에 따라 푸른 하늘이나 석양 등 다양한 하늘의 표정을 즐길 수 있다.

무당벌레도
조각해두자

28 클로버 부분을 돌출시키기 위해 위쪽 반 부분은 좀 더 판다. 이때도 환도를 사용해서 나뭇결 방향인 수직으로 칼질을 한다.

마무리

P20 07 참조

29 토끼는 초식동물이라 눈은 옆얼굴에 붙어 있다. 윤곽을 깎아낸 후 눈 안쪽에서 아이라인을 향해 칼을 넣어 안구를 돌출시킨다.

30 귀 위와 아래에서 칼을 넣어 깎아내고 귀의 우묵한 부분을 표현한다. 좌우의 귀를 조금씩 다른 모양으로 하면 생동감을 느낄 수 있다.

31 몸의 털의 폭신함 등 디테일을 꼼꼼하게 깎는다. 앞발의 발목 관절이 휘는 방법을 잘 관찰해서 조각한다.

토끼 릴리프　**51**
Relief of a Rabbit

실제로 토끼가 서 있는 모습을
사진으로 확인해서
다리의 느낌 등을 잘 확인하자!

다양한 빛이 닿는
각도로 체크해서
균형을 맞추자

32 칼날 폭이 좁은 평도를 사용해서 칼집을 내서 손가락을 표현한다. 정면에서 봤을 때 손가락이 몇 개로 보이는지 서 있는 토끼를 꼼꼼하게 관찰해보자.

33 앞발과 마찬가지로 칼집을 내서 뒷다리의 발가락을 만든다.

채색

P21 **11** 참조

34 눈은 광택을 표현하기 위해 캐슈의 투명색으로 밑칠을 하고 검은색을 얹는다. 눈 색을 넣으면 생명감이 두드러지기 때문에 빠른 단계에서 색을 넣는 걸 추천한다.

마찬가지로
드라이 브러시로
털의 느낌을 표현

35

털 색이 진한 토끼는 눈 주위가 흰색인 경우가 많으니 칠하지 말고 남겨둔다. 뒷발 등, 좀 더 폭신함을 강조하고 싶은 곳은 큼직한 붓으로 바꾸어 아크릴 수채화 물감으로 큼직하게 채색한다.

중간에 붓을 씻을 때는
수분이 남지 않도록
잘 닦은 후에
다음 색을 칠하자

36 칠하지 않고 남겨둔 눈 주위와 앞발의 끝부분, 코와 입 등을 흰색으로 칠한다. 덧칠하면 질감이 사라지기 때문에 나중에 다른 색을 칠하고 싶은 부분은 남겨두자.

37 배경의 들꽃을 채색한다. 클로버는 전체를 칠한 후에 흰색으로 무늬를 그려 넣는다. 세세한 식물의 경우, 아무리 해도 색이 잘 안 입혀질 때는 물기를 조금 묻혀도 된다.

38

꽃은 흰색으로 채색한다. 색이 삐져나오는 건 크게 신경 쓰지 말고 처음에는 전체 인상을 중요하게 생각하고 대강 진행한다. 균형을 보면서 세부를 칠하고 농담을 표현한다.

39 빨간색 무당벌레가 전체의 악센트가 된다. 물감 본연의 빨간색이 아니라 다른 파트에서 사용한 색을 조금 섞은 빨간색을 만들어 자연에 잘 어우러지는 색으로 채색하자.

목공용 오일이나
동백유 같은 오일도
괜찮다!

40 하늘이나 땅은 각각 세계관에 맞추어 채색한다. 이번에는 채색하지 않고 키누카 오일만 칠해서 토끼에 집중시키는 스타일로 마무리했다.

마치 수족관! 살랑살랑 흔들리는 바다생물들.

바다생물 모빌
Mobile of Sea Animals

바다생물이 바람에 따라 떠도는 모습을 보며 힐링.
나무토막으로도 만들 수 있고 초보자가 도전하기 좋은 불가사리부터 상급편인
해달까지 있어 조각을 단계별로 익히기에도 적합합니다.

> **필요한 도구**
> 목재(녹나무), 평도, 환도, 삼각도, 연필, 톱, 납작붓, 세필붓, 아크릴 수채화 물감
> (검은색, 흰색, 파란색, 빨간색, 노란색), 캐슈(검은색, 투명색), 펜치, 철사, 끈, 원형 고
> 리 나사

녹나무
불가사리　가로 3.5 × 세로 3.5 × 높이 1(cm)
개복치　가로 6 × 세로 9 × 높이 2(cm)
해달　가로 7 × 세로 2.5 × 높이 3(cm)

밑그림 그리기·마름질하기

> 우선은
> 불가사리부터!

01

다양한 불가사리 형태를 나무에 그리고 톱으로 마름질용
보조선에 맞추어 자른다. 간단한 모티프라 아이와 함께 만
드는 것도 추천한다.

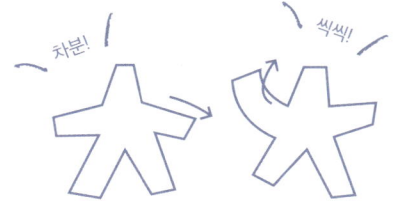

차분! 　 씩씩!

대강 깎기

02 생물이라 반듯한 별 모양이 아니다. 끝부분에서 칼집을 넣었다
면 목재를 회전시켜 가운데에서 끝부분을 향해 깎아낸다.

03 다섯 개의 팔을 깎을 때는 끝부분에서 가운데를 향해 칼날을
넣으면 거친 움직임, 가운데에서 끝부분을 향해 비스듬하게 깎
으면 차분한 인상으로 만들 수 있다.

모서리 깎기

04 모빌은 360도 모든 쪽에서 볼 수 있기 때문에 뒤쪽도 꼼꼼하게 깎아내자. 뒤쪽은 단풍 모양의 과자처럼 다섯 개의 팔마다 줄을 넣는다.

05 불가사리 다섯 개 분량의 대강 깎기를 끝냈다면 뒤와 앞이 이어지듯이 측면의 모서리를 깎아 매끄러운 모양으로 완성한다. 뒷면의 단풍 자국을 깊이 파내 움직이는 듯한 느낌을 표현한다.

끝부분을 향해 매끄럽게 칼날을 밀다가 갑자기 멈추면 생동감을 표현할 수 있다

06 앞쪽의 팔이 툭 튀어나온 경우에는 뒤쪽도 살짝 떠 있는 느낌으로 완성한다. 앞과 뒤의 관계를 잊지 말고, 팔을 하나하나 꼼꼼하게 깎자.

07 조금씩 깎아내는 게 아니라 매끄럽게, 불가사리의 촉감을 상상하면서 칼을 움직여 보자. 끈적임이 있는 느낌을 떠올리면서.

크기가 작으니 다치지 않게 조심!

08

팔이 올라가 있는 방향, 각도 등을 저마다 달리하면 훨씬 활동적인 불가사리가 된다. 뒷면의 중심 부분은 블랙홀을 상상하면서 깊이 파내자.

밑그림 그리기·마름질하기

P16 01 참조

나뭇결 방향

01 실루엣을 스케치한 후에 마름질용 보조선을 추가로 그려 넣으면 자를 때 편하다. 보조선을 없애는 느낌으로 톱으로 목재를 자른다.

대강 깎기

02 이번에는 측면을 향해 개복치의 두께나 형태를 스케치한다.

03 폭이 넓은 평도로 측면 선에 맞추어 불필요한 부분을 잘라낸다. 옆에서 봤을 때, 등지느러미, 배지느러미의 끝부분을 상하좌우로 흔드는 듯한 형태로 깎으면 헤엄치는 모습으로 완성할 수 있다.

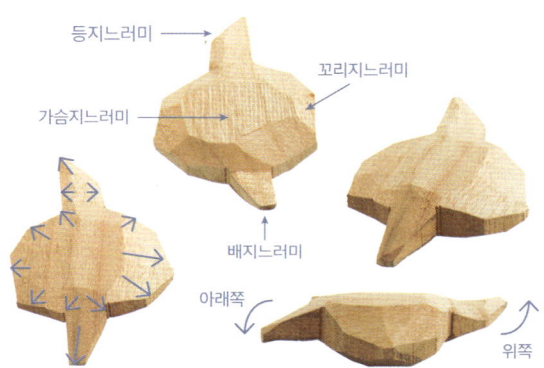

등지느러미

꼬리지느러미

가슴지느러미

배지느러미

아래쪽

위쪽

04 대강의 실루엣을 깎아냈다면 천천히 전체의 형태를 확인한다. 주사위를 상상하면서 여섯 면 전체를 움직임과 얇기 등을 체크한다.

모서리 깎기

가슴지느러미

꼬리지느러미

05 가슴지느러미, 입 등을 꼼꼼하게 그린다. 꼬리지느러미라 불리는 뒤에 달린 지느러미는 수중에서 하늘하늘 헤엄치고 있는 모습을 떠올리면서 물결무늬로 그려 넣는다.

06 가슴지느러미 부분은 평도 모서리 등으로 윤곽을 잡고, 주위를 파내면서 지느러미 부분을 돌출시킨다. 도감이나 인터넷으로 찾은 사진, 직접 그린 스케치 등을 잘 관찰하자.

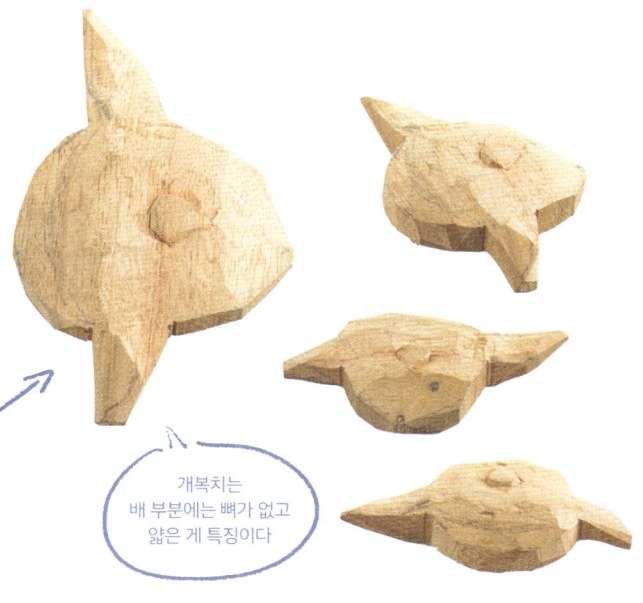

개복치는
배 부분에는 뼈가 없고
얇은 게 특징이다

07 꼬리지느러미를 몸통 부분보다 한 단 낮게 깎는다. 몸통 전부를 균일하게 얇게 깎는 게 아니라, 지느러미 끝부분을 섬세하게 깎는 등 강약을 주면서 전체적으로는 얇은 인상으로 완성한다.

08 입이 있는 중심을 향해 좌우를 잇는 상하 부분에 칼을 넣는다. 모서리를 깎으면서 좌우와 윗부분의 연결부위를 완만하고 매끄럽게 만든다.

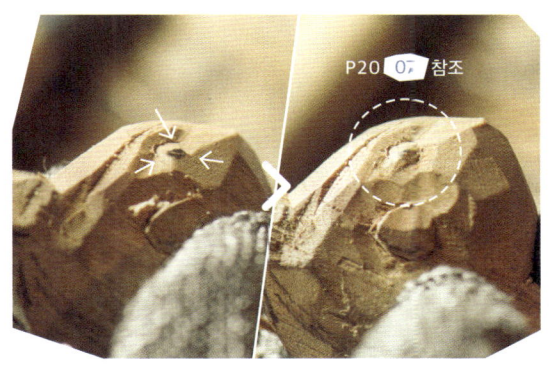

P20 07 참조

09 스케치한 눈 주위를 깎아내기 위해 칼집을 넣는다. 눈 윗부분과 아랫부분, 각각 반원 상태의 칼집을 넣고 그 바깥 부분을 깎아낸다.

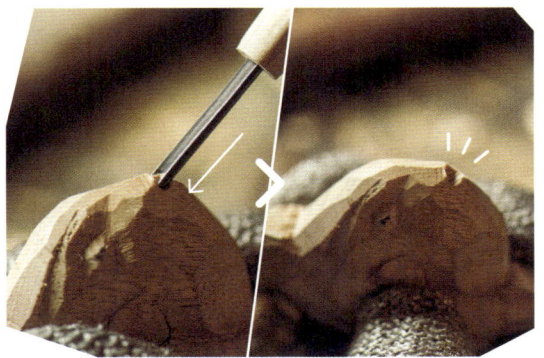

10 크기가 작은 환도를 사용해서 오므린 입의 모양의 칼집을 넣는다. 한 방향에서가 아니라 위에서도 아래에서도 몇 번씩 칼을 넣어 자연스러운 모양의 입을 만든다.

11 입 주위를 파내고 좀 더 튀어나오게 만들자. 어느 정도 좌우대칭이 되어 있는지도 확인하자.

12 계속해서 몸통 부분을 깎아내고 형태를 다듬으면서 얇게 만든다. 정면에서 체크하면서 좌우가 매끄럽게 이어지도록 몸통이를 깎는다.

사진이나 스케치를 비교해보면서 울퉁불퉁함을 표현하자!

13 등지느러미, 배지느러미도 깎아내고, 끝부분으로 갈수록 서서히 얇게 만든다. 힘을 주는 정도에 따라서는 지느러미 끝이 부서질 수도 있으니 조심하면서 깎는다.

개복치의 윤곽이 명확하게 드러났다!

꼬리지느러미 모양에 악센트를 준다!

고
↓
저

14 모양이 단조로운 게 특징인 개복치인 만큼 입체감을 표현할 수 있는 가슴지느러미 부분이 중요하다. 물의 흐름에 맞춘 움직임을 나타낼 수 있도록 밑동을 깊게 깎는다.

15 꼬리지느러미는 좀 더 얇게 깎고, 경계선을 깊이 판다. 꼬리지느러미에 몇 군데 칼집을 넣고 옆에서 깎아내듯이 진행하면서 흔들림을 표현한다.

빛과 그림자를
의지하면서 모서리를
깎아낸다

16 지느러미와 몸통의 경계선은 깊이 파서 그림자를 내고, 몸통 쪽을 향해 볼록하게 만든다.

17 지느러미의 밑동을 한 바퀴 깎아내면 몸통 쪽과 이어져 강한 힘이 전달되는 인상을 표현할 수 있다. 칼을 쥔 손이 아닌, 목재 전체를 돌리는 느낌으로 깎는다.

통통한 배를 표현!

18 지느러미와 몸통 부분의 경계선을 깎고 부위를 나누는 동시에 섬세한 부분에 개복치다움을 표현한다. 배에 주름을 새겨넣으면 개복치다운 질감이 된다.

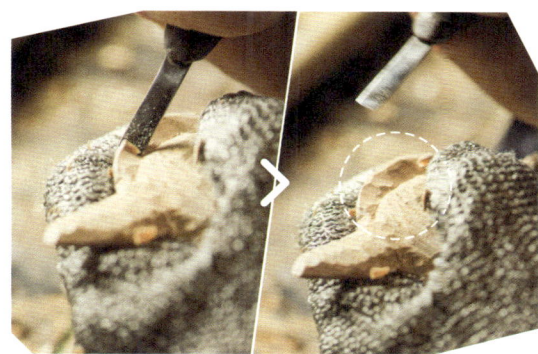

19 몸통 쪽에서 꼬리지느러미의 끝부분으로 칼을 움직이면 손쉽게 잘라낼 수 있다. 처음은 칼을 멈추어서 힘이 전해지는 생동감 있는 인상으로 만든다.

마무리

20 꼬리지느러미의 자연스러운 물결무늬를 넣기 위해 도려내는 조각법을 반복한다. 바닷속을 유유히 헤엄치고 있는 개복치 특유의 느긋함이 두드러진다.

21 삼각도로 바꾸어 가슴지느러미 부분에 주름을 넣는다. 삼각도는 일정한 깊이로 칼집을 넣을 수 있어서 일정한 무늬를 넣는 지느러미의 주름 등에는 편리하다.

22 획일화 되지 않게 미묘한 차이를 두고 싶은 부분은 평도로 판다. 몸통 부분에 평도를 부드럽게 대고 빛의 줄기가 나타나는 모습이나 주름 등을 더한다.

23 뒤쪽에 달린 꼬리지느러미는 끝부분부터 칼집을 넣는다. 물결 무늬의 움직임이 더욱 강조되면서 지느러미의 움직임에 생동감이 더해진다.

입 아래는 평도로 부드럽게 파내서 툭 튀어나온 입을 강조

24 개복치의 무표정한 눈은 너무 복잡하게 깎지 말고 그림을 그리듯이 깎는다. 폭이 좁은 평도 모서리로 눈 모양을 동그랗게 그리고, 그 안에 눈동자를 판다.

25 얼핏 납작하고 강약이 없는 듯한 개복치도 천천히 관찰하면 부위별로 다양한 특징이 있다. 아무것도 없어 보여도 관찰하면 세세한 빛과 그림자가 보인다.

여기서부터는
해달

P16 01 참조

01 물에 떠 있는 해달의 옆모습을 스케치한다. 톱으로 자를 선과 마름질용 보조선도 그려두자.

대강 깎기

P16 02 참조

02 보조선의 빨간 선을 없애듯이 톱으로 목재를 자른다. 이번에는 정면으로 두고 해달의 실루엣을 그린다.

빨간 선을 따라서
컷팅!

꼬리

더미

머리

손

03

폭이 넓은 평도를 사용해서 측면 선을 따라 불필요한 부분을 잘라낸다. 물에 두둥실 떠 있는 해달만의 느낌을 의식하자.

모서리 깎기

손끝

뒤통수

어깨

04 이마 부근에 손을 올린 사랑스러운 해달 모습을 모티프로. 손, 얼굴이 물 표면 위로 떠 오르니 중요한 이 부분을 먼저 조각해 두자.

손끝

머리

어깨

05 얼굴 아래쪽 어깨부터 손에 걸쳐 손이 닿는 이마를 포함하는 얼굴 실루엣 등, 연결하면서 깎는다. 팔 관절에 꺾이는 위치나 굽혀지는 정도 등 세부도 끔끔하게 깎는다.

전체를 돌려가며
확인!

위에서!

팔도 잘 보고!

밑에서도!

06 큼직한 검은 코가 인상적인 해달. 얼굴을 깎기 시작하기 전에 코 위치와 크기를 먼저 정하자. 얼굴을 정면에서 보면서 중심의 코를 향해 비스듬하게 깎는다.

07 손과 얼굴 경계선을 깎아내서 구분한다. 좌우대칭에 너무 얽매이지 말고 손의 윤곽선이 튀어나올 때까지 한쪽씩 단숨에 깎아낸다.

08 얼굴과 어깨 경계선에도 깊은 홈을 만들어 구분해둔다. 턱과 목 사이도 깎아서 경계선을 명확하게 한다. 각 부위를 돌출시킨다.

09 옆에서 팔이 굽는 정도를 체크한다. 등 뒤쪽에서는 등이 굽은 정도를 밑에서 엿보듯이 턱과 몸통의 강약 등을 다양한 각도에서 점검한다.

10 깜빡하기 쉽지만 해달의 귀여운 포인트이기도 한 귀는 꼭 조각하자. 사진이나 스케치로 귀 위치를 확인하고 평도로 깎아낸다.

11 귀 뒤쪽도 꼼꼼하게 깎아둔다. 물에 떠서 등을 둥글게 만 해달의 경우에는 뒤통수 실루엣도 중요하니 머리 전체를 잘 다듬어 두자.

특급 팁!
지그재그 깎기!

P21 08 참조

12

해달은 배의 털도 특징적이다. 젖어 있고 부스스하기 때문에 평도를 좌우로 흔들며 잘게 칼집을 내면서 털의 표정을 표현한다.

13 긴 꼬리와 튼실한 다리를 먼저 깎아낸다. 꼬리는 길고 특징적이라 존재감이 드러나도록 사진이나 도감을 몇 번씩 보면서 따라 만든다.

14 알고 보면 무시할 수 없는 게 해달 다리. 두둥실 떠 있는 인상이 강하지만 해달은 서서 걸을 수 있을 정도로 다리가 튼실하기 때문에 안정감 있는 다리를 조각하자.

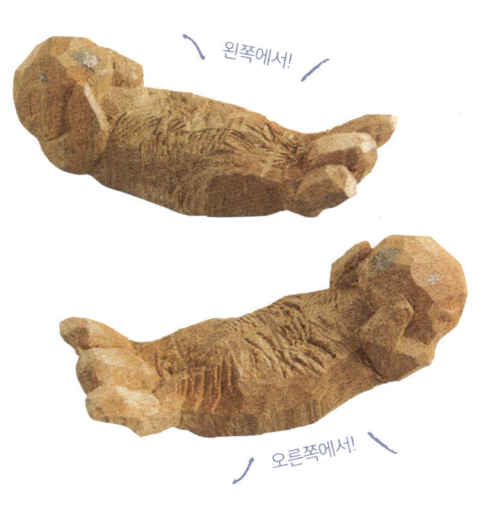

왼쪽에서!

오른쪽에서!

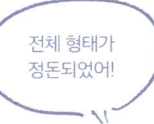

전체 형태가
정돈되었어!

밑에서!

정면에서!

P18 05 참조

마무리

15 코알라를 닮은 해달은 코가 검고 눈에 띄는 것도 사랑스러운 포인트. 코를 돌출시키기 위해 주위를 깎아내서 더욱 깊게 파서 코가 강조되게끔 하자.

16 폭이 좁은 평도로 콧구멍, 입을 판다. 언뜻 보면 입을 오므리고 있어 귀여운 인상이지만 조개 껍데기나 오징어를 물어 끊는 튼 튼한 이빨이 숨어 있는 것도 상상하면서 깎아내자.

17 손이 말랑말랑하게 이마에 닿아 있는 모습을 상상하면서 손과 이마가 붙어 있는 부분을 조각하고 윤곽을 깎는다. 손끝에 선을 파내 손가락도 만든다.

18 각 부위의 위치 관계나 겹치는 부분이 잘 전해지도록 세부의 디테일을 만든다. 턱과 몸통 사이의 홈도 좀 더 낮게 판다.

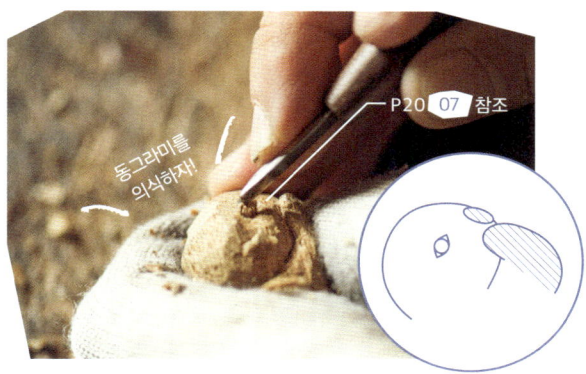

19 눈은 옆얼굴에 붙어 있으니 옆에서 보면서 평도 모서리로 윤곽을 만든다. 그다음 눈동자 안쪽에 칼을 넣어 눈꺼풀 윤곽을 향해 깎아낸다.

20 이마 부분과 배 부분 등, 털의 느낌도 표현해둔다. 채색할 때 자연스러운 질감이 나오도록 조각하는 단계에서 디테일을 잘 살린다.

21 폭이 좁은 평도 모서리를 사용해서 발끝과 꼬리 등, 세세한 부분도 깎아낸다. 사진이나 도감을 반복해서 보면서 어디까지나 생동감을 중요하게 여기자.

22 물에 떠서 발끝이 수면 위로 둥실 튀어나온 해달 특유의 자세. 이 경쾌함이 전해지도록 등을 둥글게 깎고 다리 각도를 잘 조정해서 완성도를 높이자.

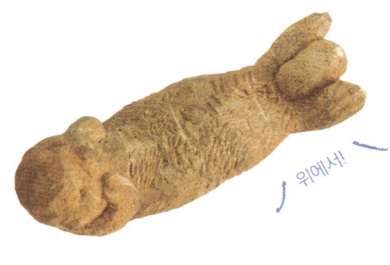

P21 **11** 참조

채색

다양한 자료를 보면서
즐겁게 칠해보자!

01 우선은 불가사리. 아크릴 수채화 물감으로 컬러풀하게! 뒷면은 흰색 등 색을 바꾸면 생물체다워진다. 점이나 선 등 무늬를 넣어도 재밌다.

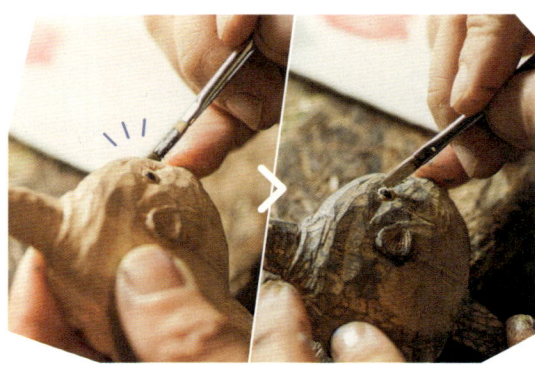

02 개복치는 눈에 빛이 있는 인상이 아니기 때문에 캐슈를 사용하지 말고 파란색과 검은색 아크릴 수채화 물감을 섞어서 눈에 색을 칠한다. 전체는 드라이 브러시로 그레이로 색을 입힌다.

03 입 속, 그림자를 더하고 싶은 눈 밑, 지느러미 뒤쪽 등을 검게 칠한다. 큼직한 개복치는 꼬리지느러미에 점 무늬가 있는 경우가 많으니 그려 넣어도 좋다.

04 해달을 채색한다. 해달 눈은 처음에 투명색 캐슈로 밑칠을 하고 그 후에 검은색 캐슈를 칠한다. 코와 입도 캐슈로 그대로 채색한다.

반드시
진한 색 → 연한 색
순서로!

05 드라이 브러시로 전체에 색을 입힌다. 아크릴 수채화 물감 검은색을 섞은 어두운 갈색으로 표면을 문지르듯이 거칠게 칠한다. 덧칠이 되지 않도록 흰색 부분은 남겨두고 나중에 칠한다.

채색 완성!

06 불가사리 색은 진짜 불가사리 색에 너무 연연해하지 말고 모빌 전체 색 조합과 잘 어우러지는 색을 즐겁게 골라보자.

07 쇠장식을 붙인다. 펜치나 니퍼로 15㎝ 정도 길이로 철사를 자른 다. 중앙을 잡고 꼬듯이 원을 만든다. 양쪽 끝도 둥글게 고리 부분을 만든다.

08 길이를 조금씩 다르게 해서 철사를 자르고 07과 같은 요령으로 모빌용 철사를 3개 만든다. 양쪽 끝의 철사를 둥글게 말 때는 위쪽으로 말아도, 아래쪽으로 말아도 된다.

09 앙카볼트(원형 고리 나사)를 각 동물에 단다. 개복치 등은 너무 얇은 부분에 찌르면 금이 가서 갈라질 수도 있으니 도톰한 부분에 찔러 넣자.

10

조합을 다양하게 바꾸어보면서 달았을 때의 흔들리는 느낌과 균형을 보자. 자그마한 불가사리는 쇠장식과 쇠장식으로 연결해도 귀엽다.

방 한구석에서 느끼는 깜찍하고 사랑스러운 시선에 힐링.

줄무늬 고양이 링 홀더

Ring Pillow of a Kijitora-Cat

스푼, 그릇 등을 만들면서 특징을 파악하게 된 고양이 응용편.
이제부터는 묘사성이 높은 조각에 도전해봅시다!
소중한 반지를 장식하면 훨씬 더 애착이 생겨요.

필요한 도구
목재(녹나무), 평도, 연필, 빨간펜, 톱, 납작붓, 세필붓, 아크릴 수채화 물감
(검은색, 흰색, 파란색, 빨간색, 노란색), 캐슈(검은색, 노란색, 투명색)

녹나무
가로 4 × 세로 9 × 높이 9(cm)

밑그림 그리기·마름질하기

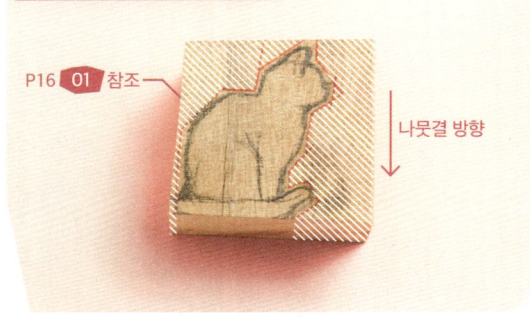

P16 **01** 참조

나뭇결 방향

대강 깎기

선을 따라 자른다!

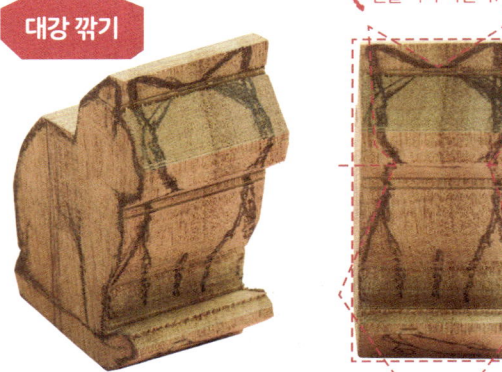

01 조각하고 싶은 고양이를 관찰하고 밑그림을 그린다. 밑그림 바깥쪽에 톱으로 자를 보조선을 그리고 톱이나 띠톱(handsaw)으로 불필요한 부분을 잘라낸다.

02 정면과 바닥면 등, 다양한 각도에서 완성되었을 때의 형태를 상상하며 밑그림을 그린다. 밑그림이라고는 해도 귀의 경사나 꼬리 움직임을 의식하면서 그린다.

귀 사이도 파자!

P18 **05** 참조

03 몸통 주위의 불필요한 부분을 잘라낸다. 윤곽선을 향해 수직으로 정면과 옆면에 톱으로 칼집을 넣는다. 좌우 깊이가 치우치지 않도록 양 사이드에 표시 선을 그려놓고 자른다.

04 고양이 인상을 결정짓는 코와 입은 빠른 단계에서 깎아둔다. 귀와 귀 사이 횡단면은 단단하지만 면적이 작으니 파낼 수 있으면 처음부터 깎아놓아도 된다.

05 목 부분은 평도를 사용해서 몸통 쪽부터 꼼꼼하게 깎는다. 칼을 넣는 각도가 너무 얕으면 그만큼 시간이 걸리니 단번에 잘라내는 게 철칙이다.

06 정면, 측면에서 대강 깎기를 끝내면 머리 위나 뒤통수 쪽도 본다. 다양한 각도에서 조각하고 싶은 윤곽선의 밑그림을 그리고 필요 없는 부분을 잘라낸다.

07 뒤쪽과 측면, 앞쪽과 측면의 모서리를 깎아내서 몸통 전체를 둥글게 만든다. 2차원에서 3차원으로 진행해 좀 더 입체감을 표현한다.

08 3차원 세계에서 좀 더 다각적으로 관찰하고 사실적인 느낌을 낸다. 공정은 스푼 때와 같지만 좀 더 꼼꼼하고 다양한 각도에서 조각해보자.

09 귀 끝부분에서 얼굴과 이어지는 접점을 향해 칼날을 움직여서 귀의 모서리를 깎아낸다. 고양이 귀는 앞으로 쏠린 느낌으로 깎고 귓구멍도 파놓자.

10 코와 입에서 목을 향하는 경사도 꼼꼼하게 깎는다. 코와 입을 중심으로 사각뿔대였던 덜굴이 육각뿔이 되는 듯한 이미지로 모서리를 깎아내 둥글게 만든다.

11 몸통 부분은 앞발 형태부터 정한다. 양쪽 다리 옆이 묻혀 있는 부분을 사각사각 깎아내서 앞발을 조각한다.

12 앞발 형태가 완성되면 뒷발 주위를 잘라내 다리 윤곽을 만든다. 이때 불룩 솟은 꼬리가 사라지지 않도록 꼬리 흐름을 잘 확인 하자.

13 앉아 있는 고양이 뒷발은 봉긋 부풀어 있기 때문에 몸통과의 경계선에 홈이 생기도록 깎아 입체적으로 만든다. 앞발과의 사 이도 깎아 그림자를 만든다.

14 다리와 몸통 부분을 계속해서 깎는다. 만약 너무 힘을 주어서 꼬리가 잘렸어도 꼬리 형태를 바꾸면 된다! 용기를 가지고 깎 아내자.

> 표층에 가까우면서 가장 볼록 솟아오른 부분부터 모양을 정해 나가는 게 철칙!

15 비교적 빠른 단계에서 꼬리 모양을 정한다. 옆에서 봤을 때 꼬 리가 살짝 떠 있도록 다리와의 경계선에 칼을 넣어 확실하게 그림자를 표현한다.

사진 제공 = 하나모모

16 다리보다 꼬리 쪽이 위쪽에 있으니 먼저 다듬는다. 꼬리 모양이 정해지면 그에 맞추어 자연스럽게 다리, 몸통과의 경계선을 깎아내기 수월하다.

17 고양이의 상징이기도 한 동글동글한 고양이 등도 정성스럽게 깎는다. 이때, 앞발의 볼록한 어깨 부분도 만들면서 전체 균형을 잘 보면서 깎는다.

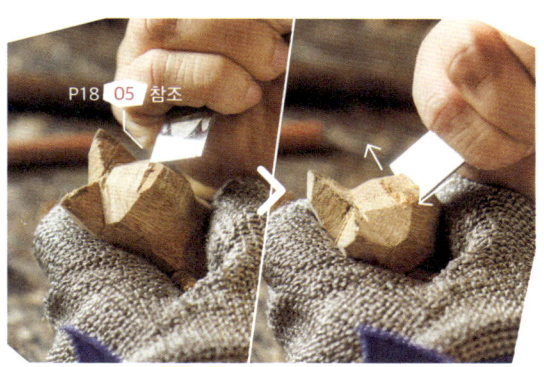

P18 05 참조

18 코끝, 눈, 이마가 세 계단이 되는 걸 상상하면서 얼굴 윤곽을 표현한다. 중심이 되는 코와 입부터 눈 라인을 거쳐 높낮이 차를 만든다.

P18 05 참조

19 얼굴의 각 부위를 깎으면서 전체 균형을 잘 확인한다. 귀 사이, 귀 형태도 동시에 다듬는다. 귀 뒤쪽, 뒤통수도 잘 관찰하면서 깎는다.

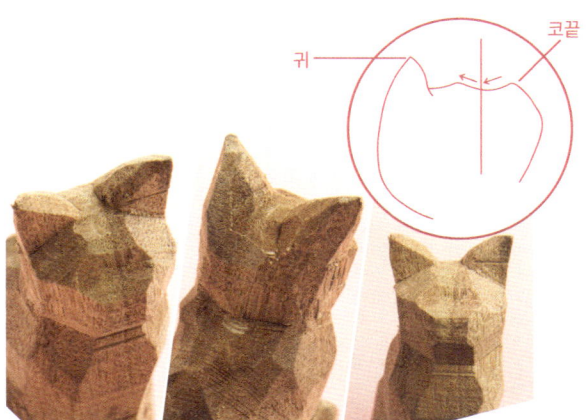

귀 / 코끝

20 코끝부터 눈 라인에 걸쳐 확실하게 높낮이 차가 생긴 상태. 이마 부분에서 귀 사이, 뒤통수로 이어지는 라인이 생기면 자연스럽게 머리 형태가 완성.

21 목 아래에 해당하는 가슴 부분부터 앞발의 밑동까지. 볼륨감 있는 실루엣을 표현하기 위해서 주위 부분을 한 번 더 낮게 깎아낸다.

22 한 덩이로 되어 있는 앞발 사이를 깎아내고 오른발 왼발로 나눈다. 튀어나와 있는 꼬리를 부러뜨리지 않으려면 얇은 칼로 깎는다.

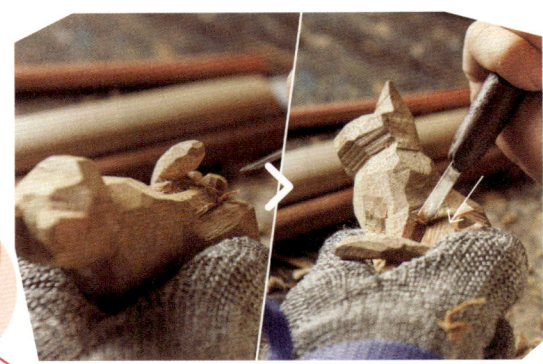

23 좌우로 구분한 앞발 사이드를 깎아내면서 입체감을 표현한다. 이때 뒷발과의 경계도 깎아 뒤쪽에 있는 부분에도 골을 만든다.

24 앞발 끝 쪽으로 갈수록 점점 얇아지도록 깎고, 잘록한 발목을 표현하도록 신경 쓴다. 꼬리와 겹치는 부분은 폭이 좁은 평도로 정성껏 깎는다.

25 얼굴 세부를 비교하면서 목 위쪽 부분을 완성한다. 우선은 윤곽. 폭이 넓은 평도를 사용해서 둥그스름한 얼굴과 튀어나온 부분에 강약을 준다.

이마 라인은 모델인 동물 특징을 살려 강하거나 연약한 느낌 등으로 표현

P18 **05** 참조

26 코와 입을 좀 더 튀어나온 살아있는 듯한 형태로 완성하기 위해서 코와 입 아래의 한 단 낮아지는 부분에서 목을 향해 경사를 확실하게 낸다. 불안할 때는 라인 밑그림을 그리자.

27 옆얼굴도 중요! 얼굴 옆에서 코와 입을 향해 튀어나오는 부분과 한 단 내려가는 라인을 잘 구분하자. 얼굴과 목 사이의 잘록한 부분을 만드는 것을 잊지 말자.

28 얼굴 형태가 어느 정도 정돈이 되면 몸통과의 균형, 강약, 연결 등을 다양한 각도에서 확인하자. 원하는 고양이와 최대한 가까워지게끔 깎자.

29 몸통과 앞발, 뒷발을 확실하게 구분하자. 폭이 좁은 평도를 사용해서 우선은 앞발과 뒷발 사이의 골에 칼날을 넣고 파내듯이 깎아낸다.

30 앞발이 아직 직선적이니 발목을 향해 꼭 오므라들 듯이 완만한 곡선으로 완성한다. 동시에 뒷발도 강약을 주고 발목의 잘록한 부분을 명확하게 한다.

31 뒷발 부분과 구분되지 않았던 앞발이 또렷하게 드러나 존재감이 생겼다. 앉아 있어 볼록해진 뒷발도 입체감을 꼼꼼하게 표현하는 게 포인트.

32 귀 안쪽을 평도로 파내고 귀 내부를 다듬는다. 고양이답게 서 있는 귀로 완성하기 위해 귀 뒤쪽과 뒤통수가 확실히 구분되도록 깎아낸다.

P18 05 참조

33 빙글빙글 돌리면서 전체 균형을 보면서 다듬는다.

34 몸통 부분도 계속해서 깎아내고, 더욱 리얼한 모습으로 완성한다. 폭이 넓은 평도로 몸쪽과 뒷발이 이어져 있는 볼록한 부분도 잘 보고 깎는다.

35 어깨는 볼록한 뒷발 부분보다 앞쪽으로, 폭을 좁게 깎는다. 뒷발의 좌우 가장 볼록한 부분에서 어깨에 걸친 부분을 깊게 파낸다.

36 등의 실루엣도 잘 관찰하자! 모델묘의 등을 쓰다듬거나, 유심히 관찰하면서 울퉁불퉁한 느낌이나 곡선의 느낌, 흐름을 잘 느끼며 형태를 만들자.

> 커틀러리 등 접착제를 사용할 수 없는 경우는 주위를 깎는 등, 실루엣 변경도 가능하다.

37 부서지거나 힘을 너무 세게 주어서 한 부위가 떨어져 버리는 경우도 있다! 그럴 때는 당황하지 말고 순간접착제를 사용하자. 마른 천으로 감싸 가볍게 누르면 된다.

마무리

P19 **06** 참조

38 얼굴은 가장 돌출된 코부터 형태를 만들어가는 게 정석이다. 코를 역삼각형으로 깎고, 세로선으로 연결된 입을 시옷 모양으로 깎는다.

P20 **07** 참조

37 부서지거나 힘을 너무 세게 주어서 한 부위가 떨어져 버리는 경우도 있다! 그럴 때는 당황하지 말고 순간접착제를 사용하자. 마른 천으로 감싸 가볍게 누르면 된다.

드라이 브러시로!

P21 11 참조

뒷모습도
까먹지 말고 스케치나
사진을 남겨두자.

40 검은색 캐슈 위에 노란색 캐슈를 덧칠해 검은색 캐슈로 눈동자를 넣는다. 몸은 우선 전체의 털색의 아크릴 수채화 물감으로 거칠게 밑칠한다.

41 전체에 칠한 색보다 진한 색을 아크릴 수채화 물감으로 만들고, 무늬를 그려 넣는다. 상상만으로 칠하지 말고, 스케치나 사진을 옆에 두고 충실하게 그리는 게 최고다.

43

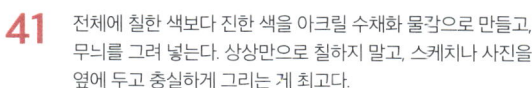

정면으로 향하게 두었을 때,
시선이 마주치도록 의식해보자.

42 새하얀 털은 리얼리티가 없으니 흰색에 소량의 베이지색을 섞어, 밝은색 털로 표현한다. 꾸덕꾸덕하게 칠하지 말고 가볍게 붓을 얹으면 폭신한 털의 질감을 잘 표현할 수 있다.

조각할 모티프를
스케치해보자

Let's Sketch the Carving Motif.

동물 조각은 특히나 모티프와 서로 바라보고 그리는
시간이 무척이나 중요합니다.
동물을 그릴 때의 마음가짐과 소중한 관점 등을 배우고,
이를 목조각 작업에 활용합시다.

잘 느끼고, 잘 배우는 것이
생동감 있는 조각으로 이어진다.

실제로 조각칼을 쥐고 나무를 깎는 것과 마찬가지로 스케치하는 시간도 중요하다. 사진이나 도감에만 의지하지 않고 실물과 마주 보고 천천히 관찰하는 것은 생동감 있는 조각 만들기의 기본이 된다.

한 장의 작품으로 잘 그렸냐가 중요한 게 아니라 조각을 깎을 때 설계도로서 도움이 되어야 한다. 다양한 각도에서 특징을 파악하기 위해 모티프로 삼고 싶은 동물을 잘 관찰하면 매일 함께 지내는 반려동물일지라도 다른 표정이나 매력, 개성을 깨닫게 된다.

스케치를 통해 관찰력과 감각을 다지는 것이 생기 있고 생명감 넘치는 조각으로 이어지는 첫걸음이다.

스케치에 임하는 열 가지 마음가짐

1 잘 그리기 위해 그리는 것이 아니라 세계를 잘 보기 위해, 잘 느끼고 잘 배우기 위해, 그리고 이것을 누군가에게 전하기 위해 그린다.

6 보이지 않는 것도 같이 그린다. 보이는 것 안에 눈에는 보이지 않는 아름다움이 있다. 보는 것뿐만 아니라 소리나 냄새, 온도, 촉감, 느낀 모든 것을 그린다. 즐거움, 슬픔, 분노, 애정 등의 기분을 함께 그리는 것이 무척 중요하다.

2 그린 그림을 보여주는 것은 창문을 여는 것과 닮아 있기 때문에 우선은 "어서 오세요!" 하고 창문을 여는 듯이 그린다. 마치 소중한 사람들을 초대하는 기분으로.

7 그림을 그릴 때, 세계를 천천히 볼 때, 세계와 이어진다. 한 장의 그림 속에서는 뭐든 될 수 있고 어디든 갈 수 있다. 자유롭게 마음껏 여행하고 평소와 다른 시선으로 세계를 보기 위한 시간이니까.

3 보이는 대로 그린다. 거짓을 그리지 않아도 된다. 보이는 것, 아름답다고 생각하는 것을 믿고 그린다. 보고 느낀 대로 그리자.

8 그림을 그리면서 무척 괴롭고 힘들어서 도망치고 싶을 때, 우선은 괴롭게 느껴지는 부분을 잘 지켜본다. 어떨 땐 괴로운 부분에서 한 발 떨어져 다른 부분으로 시선을 돌리면 괴로운 게 사라지기도 한다.

4 늘 새로운 기분으로 그린다. 지금까지 그려온 방법으로 지금 그리고 싶은 것을 그릴 수는 없다. 왜냐하면 그리고 있는 시간도 빛도 공간도 자기 자신까지, 모두 전혀 다르니까. 새롭게 그리는 방법과 새로운 기분으로 그린다.

9 전체를 그렸다면 한 부분을 집중해서 그리고 한 부분을 그렸다면 전체를 수정해서 그린다. 이렇게 반복하면 그림은 깊어지고 아름답고 크게 성장해나간다.

5 뭐든지 다 그려본다. 싫다고 생각하는 것 중에서도 분명 아름다운 부분이 있고, 그리기 어려워 보이는 것 중에서도 좋은 그림을 그릴 수 있는 힌트가 숨어 있을 수도 있다. 중요한 것은 어떤 것이든 일단 한번 그려보는 것이다. 그려보고 역시 잘 안 그려지면 지금의 나는 그 대상의 좋은 점을 이해할 수 없다고 생각하면 되니까.

10 나만이 발견할 수 있는 아름다운 것과 형태가 분명 있다. 아직 누구도 본 적이 없는 아름다움의 발견자가 되어 보자. 그리고 그것을 그림으로 전한다. 한 사람에게 진정으로 아름다운 것은 표현력에 으해 다른 사람에게도 아름다운 것이 되는 법이다.

동물의 움직임에 따라 이동하면서 그리고 싶어서 의자에 앉지 않고 쫓아가면서 그리는 게 하시모토 스타일!

세세한 디테일도 그려두고 싶으니 가능하면 실물 크기 그대로 그리거나 실물보다 조금 더 크게 그릴 수 있는 종이를 준비하자.

하시모토 미오의 스케치 풍경

잘 그리는 것이 목적이 아니다. 몸의 능선이나 각 부위의 위치 관계, 관계성 등을 잘 관찰하면서 그린다.

스케치할 때의 사물을 파악하는 법, 초점에는 조각할 때 중요한 에센스가 모여 있다. 털의 질감과 흐름, 색이 섞인 정도, 각 부위의 밀도 등을 본인 나름대로 파악해보자.

다양한 방향에서 보고 싶어서 잠들면 붓도 멈추게 된다. 만약 동물이 잠들어 버리면 스케치는 일단 멈추거나 자는 모습을 새로 그려보자.

최대한 실물을 눈으로 보고 숨결을 느끼면서 사진이나 영상만으로는 알 수 없었던 특유의 입체감과 생명감을 파악하자. 모티프에 따라서는 동물원이나 수족관에 가서 스케치하는 것도 추천한다.

밑그림을 그려놓으면 흐름이 끊길 수도 있으니 밑그림을 그리지 않는 걸 추천한다. 이때의 윤곽은 흐릿한 정도로 충분하다.

연필이나 색연필 등 도구는 자유롭게 선택하면 된다. 나와 가장 잘 맞고 편하게 스케치할 수 있는 도구를 발견하자. 채색하지 않고 단색이어도 된다. 추천은 투명수채화 물감.

스케치는 감각을 키우고 가다듬기 위한 워밍업.

조각할 때 어느 정도의 디테일로 깎을지, 어떠한 색으로 채색할지 등 스케치 단계에서 상상하면서 그리자.

본인만이 발견할 수 있는 아름다운 부분을 찾는 기분으로 신중하게 몰두하자. 계속해서 스케치를 하다 보면 감각, 감수성은 단련할 수 있다!

완성!

한 번이라도 스케치한 아이는 그린 이 마음속에 남아준다. 스케치의 소중함을 깨닫는 것으로 조각에 생명감이 나타난다.

늘 함께하고 싶은 손바닥 크기의 반려견.

검정 시바견 링 홀더

Ring Pillow of a Kuro-Shiba

나무를 깎는 즐거움을 피부로 느꼈다면,
스케치부터 조각까지의 본격적인 단계에 도전해봅시다!
차분히 바라보고, 관찰하면 지금까지는 몰랐던 반려견의 표정도 발견할 수 있어요.

필요한 도구
목재(녹나무), 평도, 연필, 빨간펜, 톱, 납작붓, 세필붓, 아크릴
수채화 물감(검은색, 흰색), 캐슈(검은색, 투명색), 수성 스테인

녹나무:
가로 4 × 세로 9 × 높이 9(cm)

밑그림 그리기·마름질하기

P16 01 참조

나무결 방향

01 고양이와 마찬가지로 조각하고 싶은 강아지를 관찰하고 밑그림을 그린다. 밑그림 바깥쪽에 톱으로 자를 보조선을 넣고 우선은 톱으로 불필요한 부분을 잘라낸다.

필요한 부분에 사선을 그어두면 구분하기 쉽다!

02 마름질이 대강 끝나면 정면, 위쪽, 뒤쪽 등 다양한 방향에서 밑그림을 그린다. 주사위를 상상하면서 여섯 면 전체에 실루엣을 그린다.

P16 02 참조

귀나 코와 입 등, 특징적인 부분은 빨리 실루엣을 정한다

03 여섯 면에 그린 밑그림 선을 따라 마름질을 한다. 그 후에 우선은 귀와 귀 사이의 횡단면을 깎고 귀의 윤곽을 정한다. 횡단면은 단단하긴 하지만 면적이 작으면 빨리 깎아내자.

대강 깎기

04 한 덩이로 되어 있는 앞발 사이를 깎아내고 오른발 왼발로 나눈다. 고양이와 달리 강아지는 다리를 벌리고 있는 인상이기 때문에 다리와 다리 사이에 톱을 넣어 크게 깎아내자.

05 앞발의 어깨 부분이나 가슴 부근부터 발끝까지는 쑥 얇아진다. 양발의 사이드는 위에서 아래를 향해 경사를 내듯이 확실하게 파낸다.

몸 중에서는 꼬리, 얼굴 중에서는 코와 입이 튀어나와 있으니 먼저 형태를 정한다.

06 꼬리의 양 사이드 윤곽선에 맞추어 폭이 넓은 평도를 힘껏 넣는다. 대강 불필요한 부분을 잘라내면서 꼬리의 두께를 정한다.

07 꼬리를 동그랗게 말린 형태로 표현하기 위해 평도로 대략 잘라낸다. 엉덩이 부분과의 경계선도 확실하게 깎아내고 둥그스름한 엉덩이와 꼬리의 존재감을 표현한다.

08 빙글 말린 꼬리의 중심, 가려지는 부분은 이 시점에서 조각도를 넣어 한 단 낮게 깎아낸다. 대강 깎기 단계부터 음영을 확실하게 상상하면서 깎아보자.

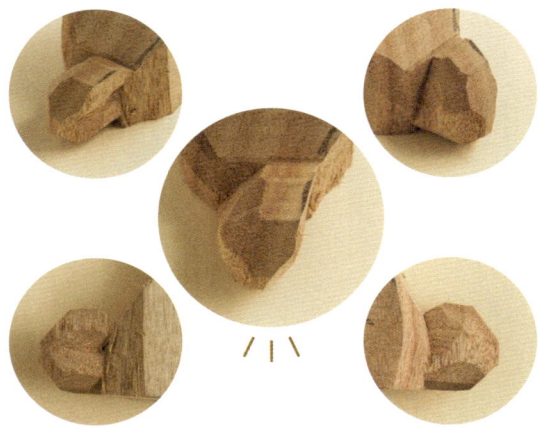

09 꼬리 형태 하나도 깎을 때마다 빙빙 돌려가며 실루엣을 확인해 야 한다.

10 계속해서 위에서 보면서 몸의 폭을 정한다. 풍만한 꼬리부터 목 까지 약간 휜 느낌으로 잘록하게 표현한다. 모서리를 꼼꼼하게 깎고 등을 얇게 한다.

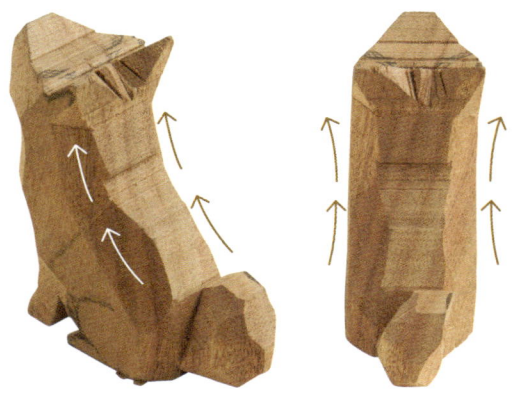

11 한 부분을 깎았다면 우선 시야를 넓혀서 전체의 균형을 잡는 것이 동물 조각의 중요한 포인트.

12 고양이와 강아지는 귀가 서 있는 형태가 다르니 잘 관찰해보자. 조금 앞으로 쏠려 있는 고양이와 달리 강아지는 긴장하고 있으 면 꼿꼿이 위를 향해 서 있다.

13 귀, 이마부터 눈까지 라인, 코와 입과 3단계가 되도록 면을 깎 는다. 이마 부분도 서서히 경사를 내서 눈과 코 쪽으로 잇는다.

시바견은 전체가 네모난 이미지로 털도 직선적인 인상이다. 환도는 부드러운 곡 선이 되기 때문에 평도로 깎아내자.

P18 05 참조

P18 05 참조

14 귀 형태를 깎아낸다. 귀의 끝부분에서 밑동을 향해 대담하게 칼을 넣어 밑동을 깎아나가면 귀 끝부분이 부서질 일이 거의 없다. 귀 사이도 꼼꼼하게 깎는다.

15 고양이와 강아지의 큰 차이점은 코의 크기, 이마의 팽팽한 느낌, 귀가 서 있는 형태다. 이마는 강아지가 날카롭고 팽팽한 느낌이 있어서 코와 입을 향해 확실하게 경사를 만든다.

16 시바견은 코가 긴 편이라 코와 입을 확실하게 돌출시킨다. 코끝에서 방사선형으로 경사가 지도록 코끝과 밑동, 양쪽에서 폭이 넓은 정도로 깎는다.

17 시바견은 생각보다 코끝이 얇기 때문에 코와 입의 끝부분이 얇아지게끔 반복해서 칼을 넣는다. 턱 부분도 꼼꼼하게 깎고 코가 돌출되도록 한다.

옆에서!

비스듬하게 밑에서!

멍멍!

위에서!

18 코와 입, 귀, 이마와 머리 전체 형태를 확인.

19 '어디를 깎아내야 할지 모르겠어' 하고 칼이 멈추면… 밑그림을 몇 번이나 그리고 불필요한 부분을 깎아내는 작업을 모든 방향에서 반복하자.

20 앉아 있을 때 볼록해지는 뒷다리를 표현하기 위해 가려지는 부분을 꼼꼼하게 깎아내자. 앞발 쪽과 뒷발 쪽, 양방향에서 칼을 넣어 깊은 골을 만든다.

뒷발은 근육질!

21 앞발 실루엣을 깎는다. 밑동부터 발끝을 향해 얇아진다는 것을 의식하자. 뒷발의 도톰한 볼륨을 깎을 때는 질감도 상상하자.

22 시바견은 여우처럼 볼이 날카롭기 때문에 역삼각형을 상상하면서 대담하게 깎아내자. 그렇게 하면 돌출된 코와 입 부분도 돋보인다.

23 단, 실제로 발목이 너무 잘록하면 사실감이 없고 캐릭터처럼 보이니 주의하자.

24 다리가 아직 두껍고 생동감이 부족하기 때문에 계속해서 깎아낸다. 불안한 사람은 밑그림을 추가로 그리고 선에 맞추어 깎아내는 스타일로 시도해보자.

25 다리를 깎을 때는 세세한 부분만 깎으면 안 된다. 어깨부터 다리까지 하나의 근육으로 이어져 있다는 사실을 잊지 말고 흐름을 소중하게 여기면서 조각하자.

26 여기서부터 29까지는 지금까지¹ 깎은 조각을 좀 더 시바견다운 실루엣으로 완성하는 단계. 우선은 귀 뒤쪽~목 라인의 잘록한 부분을 튼튼하게 하자.

옆에서!

비스듬하게 앞에서!

뒤에서!

27 앞발 부분을 깎는 동시에 팔과 발끝이 이어지는 부분에 확실하게 높낮이 차를 둔다. 우직하게 서 있는 앞발을 만들자.

28 너무 많이 깎아 버릴까봐 겁이 나면 반복해서 밑그림을 그려 넣자.

29 어깨와 몸통이 이어지는 부분은 어깨가 겹쳐 볼록하니 몸통 부분을 낮게 깎자.

빙빙 돌려가며 확인을!

꼬리 다리

30 뒤쪽에서도 다리를 보고 꼼꼼하게 조각칼을 넣자. 뒤쪽에서도 다리의 좌우, 앞발과 뒷발의 경계선을 깎아낸다.

31 지면에 닿는 다리의 발바닥 형태를 만든다. 시바견은 바닥에 착 붙어서 앉지 않고 엉덩이나 다리가 살짝 떠 있는 느낌이다. 모델견을 잘 관찰해보자.

특급 팁! 지그재그 깎기!

P21 08 참조

32 다리가 지면에 닿아 있는 방식이나 앉아 있는 법 하나도 동물마다 다른 성질이 나타난다. 털이 풍성한 고양이가 앉는 자세와 어떻게 다른지 관찰하는 것도 흥미롭다!

33 꼬리의 털 질감을 표현한다. 환도나 삼각도는 사용하지 말고 평도를 수직으로 넣어 둥그스름한 꼬리에 맞추어 좌우로 움직이면서 털의 폭신폭신한 느낌을 낸다.

34 폭이 좁은 평도로 뒷발의 도톰한 부분 등 디테일을 살리며 깎는다.

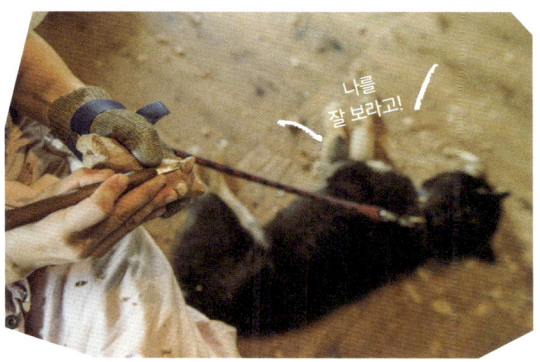

나를 잘 보라고!

35 모델견이 옆에 있다면 가끔 세세한 부분을 주시해도자. 늘 새로운 발견이 있다. 귀의 뾰족한 정도 등 세부적인 디테일을 정돈하자.

마무리

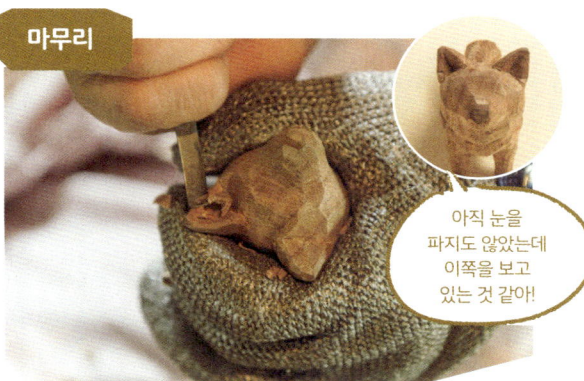

아직 눈을 파지도 않았는데 이쪽을 보고 있는 것 같아!

36 남겨둔 귓속도 파내면서 마무리한다. 고양이처럼 앞으로 쏠리지 않도록 한다. 물론 견종에 따라 부위별 형태는 다르기 때문에 모델견을 잘 관찰하자.

37 코의 인상이 강한 강아지는 코와 입 부분의 마무리를 좀 더 정교하게 하자. 폭이 좁은 평도를 사용해서 콧구멍 부분, 눈을 파는 면 등을 다듬는다.

P19 06 참조

38 고양이와 달리 강아지의 코는 존재감이 있기 때문에 볼록 튀어나오게 깎자. 코끝을 중심점으로 빙글빙글 돌리면서 주위를 깎아내서 코를 돌출시킨다.

스케치를 보면서 해도 된다!

39 볼록하게 튀어나온 코끝에 콧구멍을 판다. 폭이 좁은 평도의 모서리로 꾹 힘을 주어서 구멍을 판다. 턱 아래쪽에서도 코와 입을 다듬자.

40 코 아래에 입을 깎는다. 입을 깎을 때는 단순한 선이 되지 않도록 칼날을 비스듬하게 넣어서 V자 형태의 홈을 만들어 선을 두껍게 하듯이 깎는다.

41 눈꺼풀을 만들고 눈을 깎는다. 웃는 표정, 화난 표정, 기뻐하는 표정 등 처음에 자기만의 테마를 정해두면 표정이 살아 있다.

42 이빨이 있고 턱이 강한 강아지는 턱 주위의 늠름함도 표현한다. 견종에 따라 고유의 성질이나 특징, 각각의 귀여운 포인트 등을 머리에 넣어두자.

43 마지막으로 코와 입에 반지를 걸어보고 걸리는 느낌이나 반지 크기, 코와 입의 길이 등을 확인하고 링 홀더로서 형태를 다듬으면 완성!

44 어느 방향에서 보더라도 생동감이 전해지는 조각이 되었다. 마음을 담아 노래를 하면 다른 사람 마음에 울림이 생기듯, 조각도 마음을 담아 깎는 게 가장 중요하다.

횡단면이 단단해서 눈을 팔 수 없을 때는 무리하지 말고 채색만으로 표현해도 된다

동그란 눈썹은 칠하지 말고 남겨둬

45 캐슈의 투명색으로 눈 전체를 밑칠한다. 투명색이 조금 보일 정도로 중심 부분에 캐슈의 검은색을 덧칠한다. 코, 입의 라인도 검은색으로 이어서 그리자.

46 검정 시바견을 채색할 때는 밑바탕으로 검은 털 부분을 수성 스테인으로 한번 칠해두면 예쁘게 완성할 수 있다. 검정 시바견을 모델로 한 사람에게는 편리한- 도료다.

수성 스테인으로 밑칠하-지 않은 곳은 다른 목조각과 마찬가지로 드라이 브러시로!

47 수성 스테인을 전체에 바른 후에는 드라이 브러시로 털 색인 검은색을 표정을 보면서 칠한다. 단, 흰색 털 부분은 목재 그대로 남겨둔다!

48 동그란 눈썹이나 흰 털 부분에는 새하얀 게 아니라 언블리치드 티타늄 색 물감을 선택. 인위적이지 않고 자연스러운 흰색으로 완성할 수 있다.

49

검정 시바견 중에서도 털이 검푸른색인 아이, 노견이라 털이 그다지 검지 않은 아이 등 다양하다. 모델견을 잘 관찰하고 개성을 잘 파악해 색을 정하자.

89

하시모토 미오의 목조각들

Mio Hashimoto's Art Works

목조각이 익숙해지면 이 책에 실린 목조각뿐만 아니라,
점차 나만의 아이디어를 형태로 완성해보아요.
여기서부터는 하시모토 미오의 동물 조각을 소개합니다.

Epilogue

한 기술을 익혔을 때, 한 언어를 습득했을 때, 한 노래를 부를 수 있게 되었을 때, 어 딘가를 다녀온 것도 아닌데 세계가 넓어진 듯한 느낌을 받은 적 있지 않나요?
그건 마치 하나의 무언가, 자유를 손에 넣은 듯한 감각입니다.

저는 옛날에 서툴긴 했지만 나무로 작은 동물을 조각했을 때, 그 손바닥 위에 있 는 나무의 혼이 이전과는 달라진 듯한 느낌을 받았습니다. 생명이 분명 머무른다는 실감을 한 그 순간을 결코 잊을 수 없습니다.
게다가 직접 내 손으로 만들었으니 세상에 단 하나밖에 없는 것이 됩니다.

만든 형태 안에는 반드시 만든 이의 일부가 머무릅니다.
지우려고 해도 지워지지 않고 깃드는 것 속에, 필요 없는 것을 없애려는 그 끝에 서 진정한 자기 자신을 발견하는 일도 있습니다.

방법이나 기법에 얽매이지 말고 본인이 할 수 있는 선에서 즐겨주셨으면 합니다. 어쩌면 힌트가 되는 기법이나 수단이 이 책 속에 있을지도 모릅니다.

우선은 꾸준히 만들어보고 그 속에서 목조각의 감각을 체감해 준다면 기쁠 거예 요. 손, 머리뿐만 아니라 마음과 귀도 기울이면서요.

도면 페이지

이 책에서 소개한 동물들 도면입니다.
복사해서 잘라낸 다음 목재와 그림 사이에 카본지를 끼워 덧그리면 손쉽게 스케치를 할 수 있어요. '스케치가 너무 어려워!'라고 느끼는 사람은 처음 도전할 때 사용해보세요.

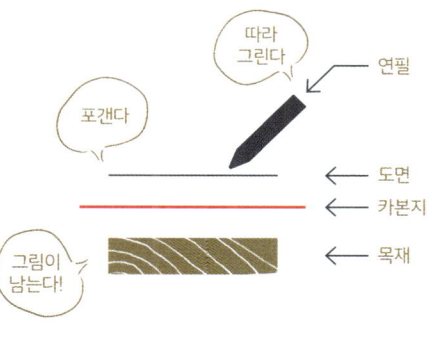

고양이 스푼 ⊕ 140% ※ 140%로 확대해서 사용해주세요

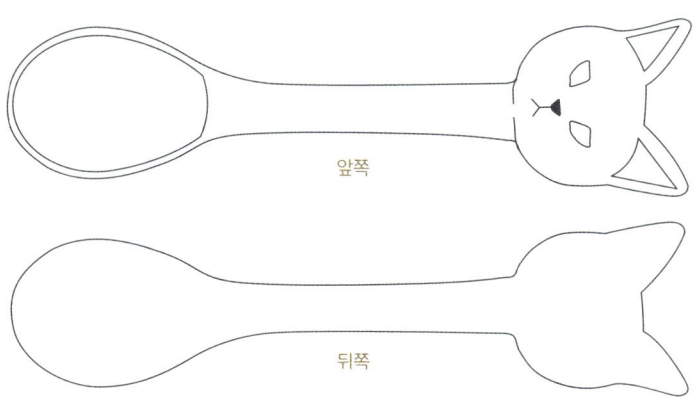

앞쪽

뒤쪽

강아지 스푼 ⊕ 140% ※ 140%로 확대해서 사용해주세요

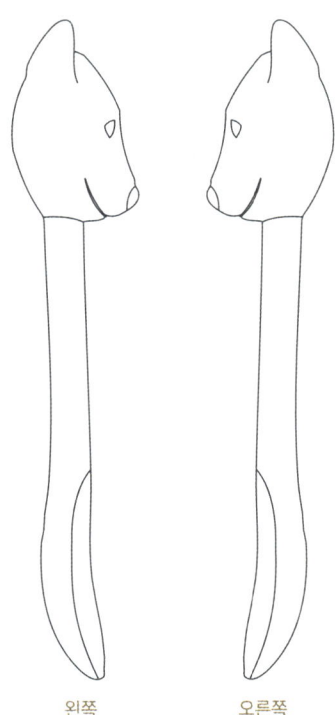

왼쪽

오른쪽

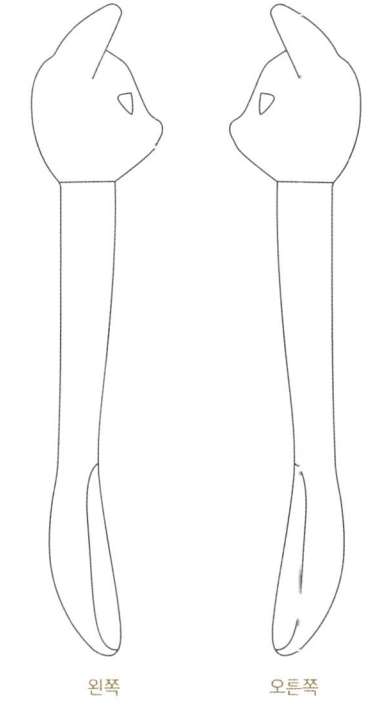

왼쪽

오른쪽

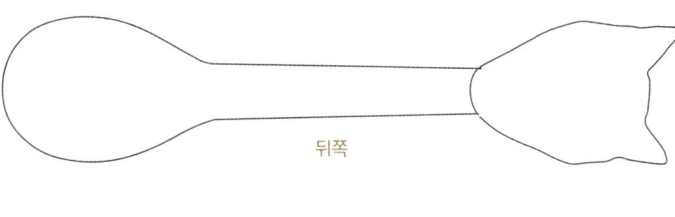

뒤쪽

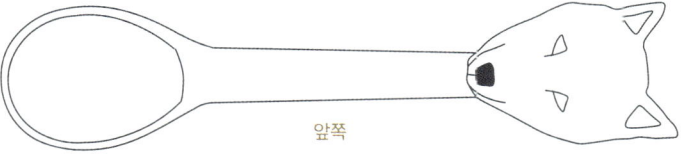

앞쪽

고양이 그릇

 100%

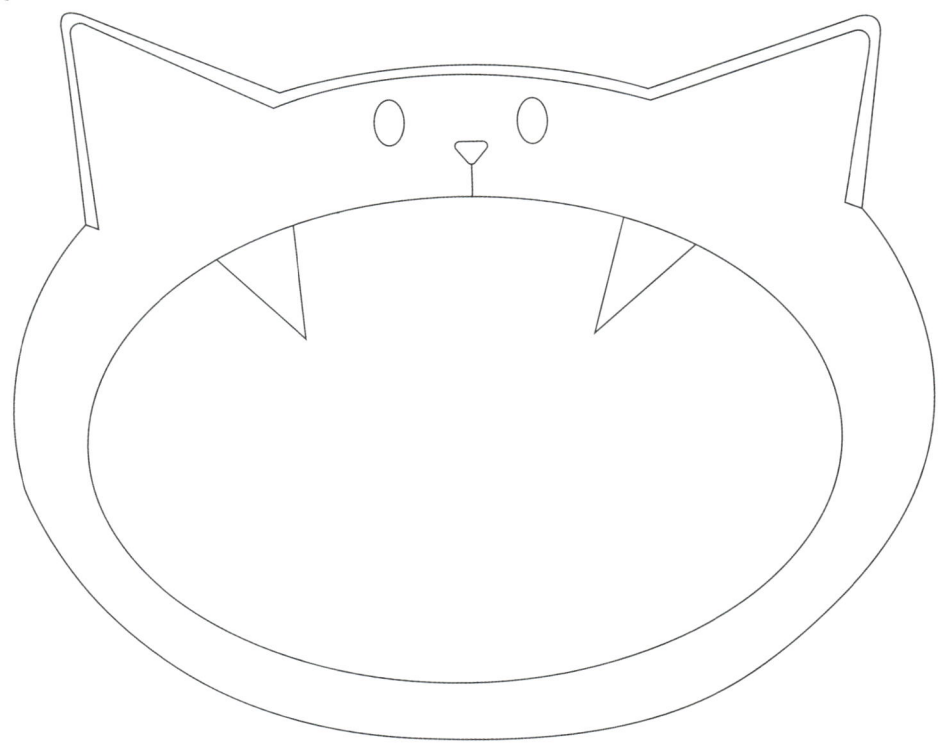

토끼 릴리프  140% ※ 140%로 확대해서 사용해주세요

제비 브로치

 100%

불가사리  ※ 140%로 확대해서 사용해주세요

개복치  ※ 140%로 확대해서 사용해주세요

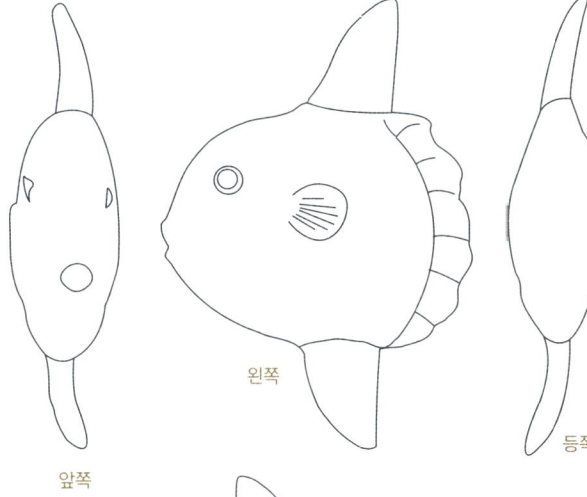

앞쪽　　　　　　왼쪽　　　　　　등쪽

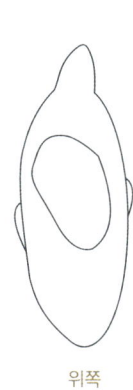 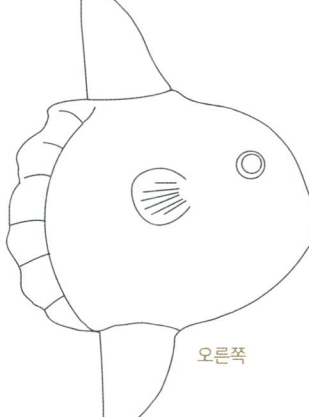 

위쪽　　　　　오른쪽　　　　아래쪽

해달

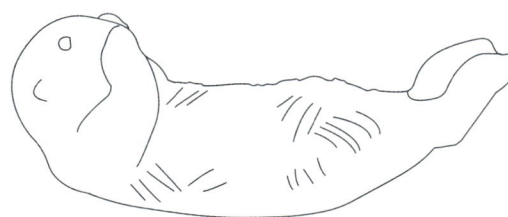

오른쪽

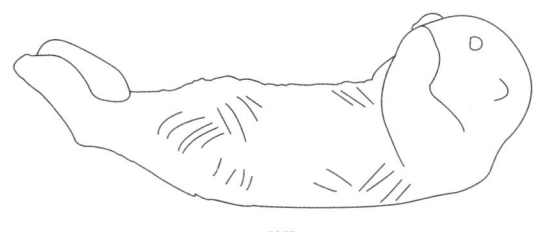

왼쪽

머리쪽

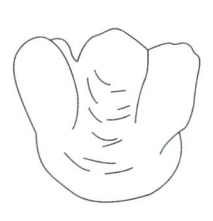

발끝

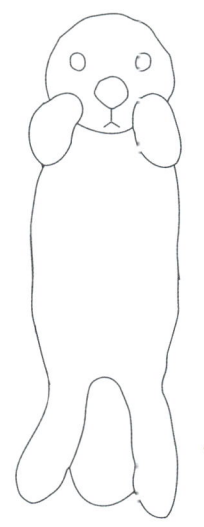

앞쪽

고양이 링 홀더 ⊕ 100%

오른쪽

왼쪽

위쪽

앞쪽

등쪽

아래쪽

강아지 링 홀더 ⊕ 100%

앞쪽

등쪽

왼쪽

아래쪽

오른쪽

위쪽